CHRISTIAN HUGOT
Träume

Praktische Traumdeutung

BASTEI-LÜBBE-TASCHENBUCH
Band 66 084

Originalausgabe
Copyright für den Abdruck eines Auszugs aus
»Elektra« von Richard Strauss
1916 by Adolph Fürstner, © renewed 1940,
mit Genehmigung von Frau Ursula Fürstner, Bad Bramstedt
© 1984 by Gustav Lübbe Verlag GmbH, Bergisch Gladbach
Printed in Western Germany
Einbandgestaltung: Roberto Patelli
Satz: ICS Computersatz GmbH, Bergisch Gladbach
Herstellung: Ebner Ulm
ISBN 3-404-66084-6

Der Preis dieses Bandes versteht sich
einschließlich der gesetzlichen Mehrwertsteuer

Für Hans Georg, Anne und Irene –
sie wissen weshalb

INHALT

Eine ungewöhnliche Forschungsexpedition....... 9

Der Traum von der Sexualität 46

Der Traum von der Zukunft 65

Der Traum vom Alltag.................... 82

Der Traum vom Schlaf.................... 103

Der Traum von der falschen Verantwortung 114

Streiflichter zur Geschichte der Traumdeutung 118

Der Traum als Dialog zwischen dem Ich und
dem Selbst 124

Verzeichnis der Traumsymbole 130

Hinweise zur benutzten Literatur 188

Eine ungewöhnliche Forschungsexpedition

Kenner des Inselstaates hatten uns vorgewarnt: Im November regne es fast unaufhörlich, die Quecksilbersäule klettere auf belastende 33 Grad Celsius und die extreme Luftfeuchtigkeit sei für einen Durchschnittseuropäer nahezu unerträglich. Unsere Freunde hatten es zwar gut gemeint, konnten uns aber in keiner Weise mit ihrer Warnung von unserem Vorhaben abbringen. Abgesehen davon hatten wir nach langer und zermürbender Geduldsprobe endlich von den zuständigen malaysischen Behörden die heißersehnte Sondergenehmigung für eine Forschungsexpedition ins Schutzgebiet der Senoi.
Drei Wochen später. Sanft setzte die Lufthansa DC 10 auf der Rollbahn von Changi, dem Flughafen von Singapur, auf. Der Flug war problemlos verlaufen und lediglich von einer kurzen Zwischenlandung in Bombay unterbrochen worden. Als wir nach den notwendigen Zollformalitäten das Flufhafengebäude verließen und uns völlig unvermittelt die heiße, stickig-feuchte Luft entgegenschlug, die uns das Atmen schwermachte, überfiel uns eine leichte Panik. Vielleicht hätten wir die Reise doch verschieben sollen? Aber nun war es zu spät, die Zeit drängte. Denn von Singapur, unserem ersten Etappenziel, mußten wir weiter ins Landesinnere. Nach sehr knapp bemessener Schlafpause bestiegen wir am nächsten Morgen den Zug, der uns in etwa einer halben Tagesreise an unser nächstes Ziel, Kuala Lumpur, bringen sollte. Und dort wartete bereits ein Jeep auf uns, mit dem wir zu unserem eigentlichen Zielort fahren würden — mitten im undurchdringlichen Dschungel gelegen . . .

Was aber um alles in der Welt treibt einen mitteleuropäischen Schlafforscher in diese tropische Hölle? Was gibt es hier zu sehen oder zu entdecken, das die Mühen und Strapazen aufwiegen könnte? Außerdem sind doch unsere Forschungseinrichtungen mit so ausgeklügelten, technisch hochentwickelten Meßinstrumenten ausgerüstet, daß ihnen – bei entsprechender Verwendung – keine noch so feine Verhaltenseigenschaft entgehen kann. Dadurch sind wir in der Lage, unser Forschungsobjekt, nämlich den Menschen, immer kalkulierbarer, berechenbarer und auch verfügbarer zu machen. Neue Theorien, neue Denkansätze werden entwickelt, türmen sich zu einem gigantischen, theoretischen Überbau auf, und dann platzt plötzlich aus einem entfernten Winkel der Erde eine überraschende Information in diesen hervorragend geordneten Überbau und wirft sogenannte abgesicherte Fakten ganz einfach über den Haufen.

Und eben eine solche Information hatte uns aus unserer akademischen Ruhe gerissen. Sie war von einigen Völkerkundlern in den Westen gelangt, und ihr Inhalt besagte nicht mehr oder weniger als folgende Tatsache: Der Volksstamm der Senoi betreibt seit Jahrhunderten praktische Traumarbeit!

Die Senoi gehören zu den rätselhaften Ureinwohnern Malaysias, den Orang Asli. Sie bevölkern seit 7000 Jahren die tropische Halbinsel. Ihr Stammesgebiet (schätzungsweise 30 000 Eingeborene) erstreckt sich zwischen Kemasik, einer Küstenstadt und Jerantut, im Landesinnern gelegen, und ist ein staatlich kontrolliertes Schutzgebiet.

Die Völkerkundler, deren Hauptinteresse ja dem Gemeinschaftsgefüge, dem sozialen und individuellen Verhalten gilt, kamen bei ihrem Aufenthalt bei den Senoi aus dem Staunen nicht mehr heraus. Sie beschreiben ihre Ergebnisse in kurzen, fast schon lapidaren Sätzen:

Sie leben in völliger Harmonie und Friedfertigkeit. Kriminalität, gleich welcher Färbung, ist ihnen unbekannt. Weder Aggressionen noch Raufereien, weder Fehden mit benachbarten Stämmen noch Familienstreitigkeiten stören den geradezu paradiesischen Tagesablauf der kleinwüchsigen Senoi. Und die Erklärung hierfür?
Die Senoi bewältigen von frühester Kindheit an ihr Leben mit all seinen auftauchenden Problemen durch praktische Traumarbeit. Sie stellt den entscheidenden, letztlich alles beherrschenden Faktor in ihrem Leben dar. Dadurch erreichen sie, daß Probleme, bevor sie reale Gestalt annehmen könnten, »vor«gelöst werden: Konflikte oder Probleme, Fehlleistungen, die durch noch fehlende Lernerfahrung entstehen, kündigen sich im Traum an und werden im Kreis der Familie ganz offen und entkrampft besprochen und im Rahmen der dem Alter entsprechenden Möglichkeiten im Alltag, meist an praktischen Beispielen, grundsätzlich gelöst. Keine symbolgeladene Deutung, keine geheimnisvolle Magie belastet diese Traumarbeit, wie man zunächst vermuten könnte. Denn, gemessen an westlichen Maßstäben, sind die Senoi ein Primitivstamm, und zu einem solchen gehört – wenigstens nach unserer Vorstellung – der Zauberer mit seinen magischen Ritualen.
Das also waren die Fakten, die uns in den Dschungel trieben. Wir wollten mit eigenen Augen sehen, wie diese Traumarbeit abläuft. Darüber hinaus erhofften wir natürlich verwertbare Ergebnisse für unsere eigenen Forschungen. Um ehrlich zu sein: Wir betrachteten das »Senoi-Phänomen« doch in etwa als Schlag ins Psychologie-Kontor. Denn während in unseren akademischen Breitengraden kompetente Wissenschaftler noch darüber diskutierten, ob der Traum ein überhaupt ernstzunehmender Forschungsfaktor sei, haben sich die Senoi immerhin auf ein

soziales Niveau hin entwickelt, von dem die gleichen kompetenten Wissenschaftler nur »träumen« konnten.
Während der Zugfahrt von Singapur nach Kuala Lumpur sprachen wir natürlich auf dieser etwas pessimistischen Grundlage über unsere Arbeit. Wie war es möglich, fragten wir uns, daß es uns trotz der hervorragenden Leistungen auf dem Gebiet der experimentellen Schlaf- und Traumforschung bislang nicht gelungen war, etwas dem Senoi-Phänomen Vergleichbares zu entwickeln? Weiter fragten wir uns, weshalb mit nahezu perfekten Methoden wissenschaftlicher Arbeit, mit enormen Erkenntnissen über die seelischen Verhaltensmechanismen, ausgerechnet die seelischen Probleme in der Bevölkerung immer massiver, zahlreicher und als immer weniger lösbar auftauchen. Lag möglicherweise irgendwo im durchorganisierten Wissenschaftsbetrieb, irgendwo in unserem Bild vom Menschen ein gefährlicher Fehler? Und wenn, hatte es möglicherweise damit zu tun, daß wir dem Traum insgesamt eine untergeordnete Rolle zugewiesen hatten, die außerhalb des Alltags und seiner Bewältigung lag? Unwillkürlich dachten wir an das alte Sprichwort: Was Hänschen nicht lernt, lernt Hans nimmermehr! Wie aber lernt Hänschen?
Es kommt auf unsere Welt und ist mit einer ganzen Reihe ererbter Anlagen ausgestattet. Sie sind sozusagen das ganz persönliche, individuelle Handwerkszeug, mit dem Hänschen von nun an seine konkrete Umwelt erfassen soll. Zu diesem Handwerkszeug gehören nun nicht nur körperliche Merkmale, sondern auch seelische, wie zum Beispiel ganz bestimmte Urerfahrungen, Instinkte, die aus frühen Zeiten der menschlichen Entwicklung stammen. Dadurch wird letztlich garantiert, daß Hänschen überhaupt am Leben bleibt (Hunger, Durst, Angst usw.).
Gleich nach der Geburt setzt nun ein ungeheuer komplizierter Mechanismus ein: Es gilt, das Leben zu lernen.

Begreiflicherweise geschieht dies zunächst in völliger Abhängigkeit von den Eltern. Diese Abhängigkeit nimmt nun in dem Maße ab, in dem sich die Selbständigkeit entwickelt. Das erreicht die Natur dadurch, daß sie immer neue Situationen für das Kleinkind schafft, auf die es – entsprechend der Grundlage seiner Anlagen – lernen muß, zu reagieren. Das Ergebnis dieser Vorgänge sind Verhaltensmuster, Reaktionsmuster. Und je mehr Reaktionsmuster im späteren Leben abrufbar sind, desto ungebrochener ist die Lebensbewältigung.

Dieses Wechselspiel zwischen einer vorgegebenen Situation und einer entwicklungs- und altersbedingten Antwort (Beispiel: Hänschen ist allein = vorgegebene Situation! Hänschen weint = altersbedingte Antwort) erhält eine notwendige Erweiterung durch all das, was das Kleinkind noch nicht aus sich selbst hervorbringen kann, zum Beispiel Spielzeug. Hänschen lernt an den Gegenständen, die es bekommt, seine eigenen Reaktionsmuster auf Brauchbarkeit hin zu überprüfen.

Es liegt auf der Hand, daß ein Zusammenhang zwischen den Lerngegenständen (Spielzeug) und seiner Entsprechung zu den ererbten Anlagen besteht. Ein Beispiel hierzu: Hänschen bekommt zum Geburtstag viele Geschenke, alle hübsch verpackt, es sollen ja Überraschungen sein, obwohl die Reiz- oder Lernsituation »Überraschung« für Hänschen noch gar nicht erforderlich ist. Hänschen wühlt sich also durch buntes Geschenkpapier und holt folgende Dinge zum Vorschein: ein Bilderbuch mit Farbstiften, Bauklötzchen, die zu einem großem Haus zusammengesetzt werden können, einen großen, braunen Teddybären, ein Auto und einen selbstgestrickten Pullover. Fast hätte Hänschen die Lokomotive, die Tante Mathilde mitgebracht hat, übersehen.

Jedes einzelne Geschenk stellt für Hänschen eine neue

Situation dar, auf die eine eigene Antwort gefunden werden muß. Und das klappt nun nicht immer so, wie gewünscht: Hänschen nimmt die Lokomotive, sie ist recht schwer. Unschlüssig betrachtet das Geburtstagskind diesen Gegenstand, findet keine befriedigende Antwort, wirft die Lokomotive weg und zieht schnell die Farbstifte zu sich heran. Tante Mathilde ist schockiert, sie ist doch in mindestens vier Geschäften gewesen, um gerade diese Lokomotive zu finden. Was sie nicht begreifen kann (oder will), ist die Tatsache, daß Hänschen mit der Lokomotive nichts anfangen kann, weil in seinen Grundanlagen kein »Platz« für eine Lokomotive ist, dafür aber um so mehr für das Bilderbuch und die Farbstifte. Wenn Tante Mathilde wirklich etwas für Hänschen tun will und nicht unbewußt für sich selbst (vielleicht hätte sie selbst als Kind gerne mit einer Lokomotive gespielt), wird sie diese zunächst »harmonische Beziehung« zwischen ihrem Neffen und den Farbstiften als deutlichen Hinweis für eine anlagebedingte Entsprechung nehmen und daraus ihre Folgerungen ziehen.

Hänschen lernt also seinen Alltag mit den Gegenständen des Alltags kennen — auf der Grundlage seiner Erbanlagen. So entstehen natürlich hauptsächlich solche Verhaltensmuster, die ausschließlich auf den Alltag und dessen Bewältigung abzielen. So weit so gut. Aber jetzt kommt ein ganz entscheidender Gesichtspunkt: Das, was wir unter Alltag verstehen, ist lediglich ein zeitlich begrenzter Abschnitt. Ein Tag (der Grundrhythmus des Lebens) hat 24 Stunden Dauer, der sogenannte Alltag bezieht sich nur auf die Wachstunden, also etwa 14 Stunden. Was aber ist mit den restlichen 10 Stunden? Haben sie für die Entwicklung von Hänschen gar keine Bedeutung?

In unseren Breitengraden nicht, sie werden ganz konsequent abgedrängt. Wenn Hänschen nachts weint, wird

seine Mutter nicht versuchen, den die Tränen auslösenden Traumbildern nachzugehen, sondern wird ihren kleinen Jungen damit trösten, daß ja bald »die Sonne wieder scheint, daß es bald wieder hell sein wird«. Und wenn Hänschen tatsächlich einmal von einem »Traumungeheuer« reden will, beschwichtigt seine Mutter es sofort mit dem bekannten Verdrängungsmuster, Traumbilder hätten nur mit der Phantasie zu. Sie wird also sagen: »Keine Angst, mein Kleiner, dir kann nichts geschehen, der große Drache, von dem du geträumt hast, existiert in Wirklichkeit gar nicht, du bildest dir ihn nur ein.«
Wirklichkeit ist also nur das, was *nicht* im Schlaf oder Traum geschieht?
Hänschens Mutter kann kein Vorwurf gemacht werden, denn sie selbst ist ja nach den gleichen Vorstellungen über die Bedeutung des Traums aufgewachsen, obwohl in ihr, wie in allen Menschen, die eingangs beschriebenen Urerinnerungen schlummern, die sich vorzugsweise im Traum an der Oberfläche zeigen und sich deutlich machen wollen. In einem späteren Kapitel werden wir auf diesen Mechanismus zurückkommen.
Hänschen bekommt also nie die Chance (wie sie zum Beispiel die Senoi-Kinder haben), für die »dunklen Stunden« seines Tages, für die Nachtzeit, ein brauchbares, geeignetes und angemessenes Verhaltens- oder Reaktionsmuster zu erlernen bzw. zu entwickeln.
So werden Träume im späteren Leben für ihn keine Bedeutung haben. Vielleicht wird Hans sich dann wundern, weshalb ganz bestimmte Probleme immer wieder bei ihm auftauchen, vorzugsweise natürlich seelische, und er wird – anders hat er es ja nicht gelernt – seinen Alltag, die »hellen Stunden« auf mögliche Antworten befragen und die »dunklen Stunden« außer Acht lassen. Irgendwann aber wird Hans feststellen, daß er einen bestimmten

Traum, ein bestimmtes Traumbild, zum wiederholten Mal
»geträumt« hat, und er wird sich dann irritiert und verwundert nach dem Sinn dieses Traumbildes fragen. Natürlich, ohne eine überzeugende Antwort finden zu können, denn: Was Hänschen nicht lernt, lernt Hans nimmermehr . . .
Dieser kurze Abstecher in den Bereich der frühkindlichen Lernsituation mit den sich daraus ergebenden Folgen für das Erwachsenenalter beantwortet die eingangs gestellte Frage, ob in unserem Wissenschaftsgebäude nicht doch ein entscheidender Fehler steckt, der für viele der bekannten seelischen Probleme verantwortlich zu machen ist, gegen die übliche psychologische Therapien unwirksam bleiben.
Halten wir an dieser Stelle also fest: Träume haben in unserem Alltag keinen Platz. Sie werden bereits in den frühesten Entwicklungsstadien aus den Lernprozessen verdrängt und dadurch fast für immer aus dem normalen »Bewältigungsprogramm« ausgeschlossen. Folge: Träume sind für den jeweiligen Menschen bedeutungslos. Lediglich auf einer akademischen Ebene gelten sie als interessant, sozusagen als relativ neuer Reizfaktor, mit dem menschliches Verhalten zusätzlich untersucht werden kann – aber immer nur im nachhinein!
Daß das aber so einfach nicht sein kann, und daß die Träume sich nicht so widerspruchslos in eine Bedeutungslosigkeit verbannen lassen, beweist ihr nach wie vor regelmäßiges Vorhandensein in jeder Nacht: Ein Mensch mit einer durchschnittlichen Lebenserwartung von rund 70 Jahren kommt im Laufe dieser Zeit auf immerhin 140 000 Träume! Diese gigantische Zahl läßt sich nicht einfach wegdiskutieren. Gleichzeitig taucht auch die Frage auf, ob die Natur tatsächlich verschwendungssüchtig ist.

Der Zug näherte sich Kuala Lumpur, unserem nächsten Ziel. Angesichts der intensiven Gespräche der letzten

Stunden und ihren nicht gerade aufbauenden Ergebnissen war unsere Stimmung auf dem Nullpunkt angelangt. Die erdrückende Luftfeuchtigkeit, der Regen, der unaufhörlich gegen die Fensterscheiben schlug, das uns unverständliche Stimmengewirr im überfüllten Abteil taten ein Übriges dazu. Wohl jeder von uns träumte davon, irgendwo am Starnberger See spazierenzugehen, eine erfrischende Brise vom Wasser her zu spüren. Und dann, endlich waren wir am Ziel. Völlig durchgeschwitzt schleppten wir unsere Ausrüstungsgegenstände zum Treffpunkt, an dem uns ein Fahrer abholen sollte. Zu unserem großen Erstaunen stand er bereits da und erwartete uns. Ein schmalwüchsiger Malaye von schätzungsweise 30 Jahren begrüßte uns in fast akzentfreiem Deutsch und dirigierte uns durch das bunte Menschengewimmel zum Jeep. Schlagartig hellte sich unsere Stimmung auf, als wir die ungewohnt freundlichen Menschen um uns herum sahen. Fast hätten wir darüber das drückend-heiße Klima vergessen. Unser Ziel war fast erreicht — wie würden die nächsten Tage und Wochen aussehen, was würden sie uns bringen?

Wir wollen jetzt einen Zeitsprung machen und uns mit den Ergebnissen beschäftigen, die unsere »Traumexpedition« von ihrer beschwerlichen Reise mitgebracht hat.
Im Sommer 1982 veröffentlichte die deutsche Psychologin Gerda Cramer in der Zeitschrift *Psychologie heute* ihre Ergebnisse, Eindrücke und Fakten eines Aufenthaltes bei den Senoi. Uns interessiert dabei hauptsächlich die Schilderung der praktischen Traumarbeit am Beispiel eines kleinen Senoi-Jungen:
»Ich habe geträumt, daß ich am Bach in den Fischfallen nachsehen wollte, ob Fische gefangen sind. Es sind so viele, daß ich einen Korb mitnehmen muß. Auf dem Weg zum Bach kommt plötzlich ein Riesenskorpion auf mich zu. Ich

fürchte, daß er mich sticht, und vor Schreck lasse ich den Korb fallen und renne zurück zum Dorf.«
Diesen Traum erzählt der Junge im Familienkreis. Der Vater bedankt sich bei dem Jungen dafür, daß er den Traum mitgeteilt hat, und antwortet:
»Dein Traum geht uns alle an. Du hast Angst. Du läufst vor einem Skorpion weg, du läßt deinen Korb fallen und hast die Fische nicht mitgenommen. Wir wollen nun sehen, welche Möglichkeiten du hast, mit der Angst fertig zu werden. Denn irgendwo wirst du dem Skorpion wiederbegegnen, vielleicht in einer anderen Gestalt, und mußt dich dann mit ihm auseinandersetzen.«
Der Junge macht nun, seinem Alter entsprechend, Vorschläge, was er tun könnte: Den Skorpion ansehen, nicht vor ihm weglaufen, den Korb über das Tier stülpen, über das Tier hinwegspringen . . . Dann träumt der Junge mit geschlossenen Augen in einem entspannten Zustand den Traum in eine Art Tagtraum um, er berichtet:
»Ich gehe auf dem Weg zum Bach und will Fische holen. Plötzlich sehe ich einen giftigen Riesenskorpion. Ich will weglaufen, bleibe aber stehen. Ich habe große Angst, sehe mir jedoch das Tier genau an. Ich rufe meinen älteren Bruder zu Hilfe. Der zeigt mir, wie man Skorpione anfaßt, so daß sie nicht stechen. Wir nehmen das Tier mit und geben es dem Ältesten, der aus dem Gift eine Medizin macht. Dann gehen wir und holen die Fische aus dem Bach.«
Die Familie lobt das Kind für die positive Lösung. Später wird der Vater mit dem Jungen in den Wald gehen und ihm zeigen, wie er mit einem furchterregenden Tier fertigwird.
Dazu die Psychologin Gerda Cramer:
»Die Träume und Tag-Träume der Senoi dienen der konstruktiven Auseinandersetzung mit dem Alltagsleben. Reales Geschehen wird immer am geträumten gemessen. Ist

das Traumbild eines Freundes beispielsweise aggressiv gegen den Träumer gewesen, wird das dem Freund mitgeteilt. Beide setzen sich damit auseinander und besprechen es in der Gruppe. Ist der Träumer selbst aggressiv gewesen, erzählt er es und bemüht sich um eine Änderung seines Verhaltens. Zwischenmenschliche Schwierigkeiten werden so in der Familie und in der Gruppe thematisiert und durchgearbeitet.«

Auffällig an der Antwort, die der Vater seinem Jungen gegeben hat, ist die Tatsache, daß er gar keinen Versuch macht, die Bestandteile des Traumes in Einzelbilder zu zerlegen. Er versucht auch nicht, den Traum symbolisch zu verstehen, das heißt, ihm eine andere Bedeutung zu geben, als der Trauminhalt sie tatsächlich und ganz konkret im Alltagsleben eines Senoi hat.

Und damit stecken wir schon mittendrin, in der Problematik des Umgangs mit den Träumen, besonders aber ihrer Deutung und damit ihrer Einbeziehung in den Alltag. Wir werden im Abschnitt über die historische Entwicklung der europäischen Traumdeutung noch sehen, wie fast ausnahmslos alle berühmten Interpreten sich geweigert haben, ein Traumbild wortwörtlich zu nehmen. Traumbilder, so hieß es, seien verschlüsselte Botschaften, die zunächst einmal übersetzt werden müssen.

Bei den Senoi hingegen entfällt diese Voraussetzung: Der kleine Junge hat von einem Skorpion geträumt, ganz und gar nicht im übertragenen Sinne (Skorpion als Symbol oder Bedeutungsträger für etwas vielleicht völlig anderes), sondern von dem Skorpion, der in seinem Alltag eine Rolle spielt.

Bestimmte Traumschulen hätten nun aus der Art der Bewegung dieses Tieres, aus seiner Körperlichkeit, aus seinem Verhalten und nicht zuletzt aus der gefühlsmäßigen Reaktion darauf, aus dem realen Skorpion einen Bedeutungsträger gemacht und ihn damit zunächst aus seiner Alltagsfunktion herausgehoben in einen übergeordneten Bereich. Wir werden später sehen, daß es durchaus notwendig ist, bei bestimmten Traumbildern diesen Weg zu wählen. Allerdings setzt diese Deutungstechnik voraus, daß der Betreffende genau weiß, wann sich ein bestimmtes Traumereignis der konkreten Beziehung zum Alltag entzieht und eine Verbindung zum Überpersönlichen, zu den Urerfahrungen der Menschheit herstellt.

Der Sinn dieses Buches liegt darin, Ihnen diesen Weg Schritt für Schritt zu erklären. Da es sich vorzugsweise an Erwachsene wendet, bedeutet das gleichzeitig, Ihnen sozusagen im nachhinein Ihr ganz persönliches Reaktionsmuster im Hinblick auf die Welt der Träume anzubieten. Denn Sie haben ja bereits erfahren, daß Sie durch Ihre Erziehung keine Chance hatten, dies auf letztlich normale Art zu erreichen.

Als ich mich mit den ersten Gedanken zu diesem Buch beschäftigte, interessierte mich natürlich die Erwartung, die an dieses Projekt gestellt wurde, besonders von den Menschen aus meiner privaten und beruflichen Umgebung, die sich der Existenz ihrer Träume bewußt sind, denen aber das entsprechende Handwerkszeug zu ihrer Deutung fehlt. Bei der Beschäftigung mit diesen Erwartungen fiel mir auf, daß viele meiner Gesprächspartner zwar ganz gut über die verschiedenen europäischen »Traumschulen« informiert waren – aber nur theoretisch. Das heißt in anderen Worten: Die unterschiedlichen Möglichkeiten, einen Traum zu interpretieren, existieren nur in der jeweiligen Vorstellung, ohne jeden Bezug zur Wirklichkeit, zum Alltag. Hinzu kommt, daß die sattsam bekannten Wörterbücher zur Traumsymbolik eher Verwirrung stiften als tatsächliche, praktische Hilfe anbieten. Ein Beispiel mag dies verdeutlichen:

Eine Gesprächspartnerin berichtete von einem Traum, in dem sie drei Zähne verlor. In einem Lexikon der Traumsymbole fand sie einen Hinweis, daß ein solches Traumbild den Tod nahestehender Menschen ankündige. Entsprechend war auch ihre Erregung. Sie telefonierte mit vielen Familienangehörigen, Freunden und Bekannten und erkundigte sich nach deren Wohlbefinden. Sobald jemand von einer gesundheitlichen Störung sprach, hielt sie das sofort für den Beweis der Richtigkeit des bevorstehenden Todes. Sie steigerte sich geradezu in eine Art Todeserwartung und war zunächst nicht von diesem Gedanken abzubringen.
Im Gespräch mit ihr erkundigte ich mich beiläufig nach dem Zustand ihrer Zähne. Sie gab auf Anhieb zu, daß sie zur Zeit in zahnärztlicher Behandlung sei, in der es darum ging, möglichst viele Zähne zu erhalten. Kein Wunder also, daß sie von dieser belastenden Situation träumte. Etwas vereinfacht dargestellt, war der Inhalt ihres Traumes folgender: Ich habe Probleme mit meinen Zähnen. Der Zahnarzt möchte aus medizinischen Gründen möglichst viele meiner Zähne erhalten. Was aber würde geschehen, wenn dies nicht möglich wäre, wenn ich also tatsächlich diese drei Zähne verlieren würde? Und gerade diese Folgen waren es, die meine Gesprächspartnerin belasteten: Zahnersatz mit den finanziellen Problemen, Angst, alle Menschen würden sie anstarren, jeder würde also sofort sehen, daß sie einige künstliche Zähne hätte und – entscheidend – jeder würde diesen Umstand als abwertend und abträglich für Aussehen und Schönheit bezeichnen. Und dieser letzte Punkt war der eigentliche Auslöser für den Zahntraum.
Dieses Beispiel beweist wieder einmal, daß Träume ihren Ursprung im Alltag haben und auch da gelöst werden sollen, wie bei den Senoi, dem glücklichen Traumvolk.
Bevor wir uns nun mit den Grundlagen und Voraussetzun-

gen der Traumtechnik beschäftigen, ist es für Sie notwendig, etwas über die klinische Traumforschung zu erfahren; denn sie ergibt einen zusätzlichen Beweis für die Richtigkeit der Senoi-Traumarbeit.
Wir machen einen Zeitsprung mitten in den Hochsommer des Jahres 1924.
Der deutsche Physiologe Hans Berger (1873–1941) hat soeben sämtliche Vorbereitungen zu einem bislang unerhörten Experiment abgeschlossen. Auf der Kopfhaut einer freiwilligen Versuchsperson befestigt er in Schläfenhöhe zwei winzige Elektroden, die durch einen dünnen Draht mit einem Meßgerät verbunden sind. Erwartungsvoll blickt er auf die Zeiger des Meßgerätes, als er den Stromkreis schließt. Und dann zeigt sich der volle Erfolg seines historisch bahnbrechenden Experimentes; Die beiden Zeiger schlagen in unterschiedlichen Stärken aus!
Das war der endgültige Beweis dafür, daß das menschliche Gehirn für seine Funktionsfähigkeit elektrischen Strom benötigt und daß man diesen Strom auch optisch darstellen kann. Allerdings ist diese Spannung so gering, daß sie nur über extreme Verstärkerleistungen erfolgen kann. Heutzutage werden die empfangenen Gehirnstrom-Impulse eine Million Mal (!) verstärkt. Schließt man nun ein solches Meßinstrument an einen Papierschreiber an, können die verschiedenen Wellenbewegungen der Gehirnstrom-Aktivitäten sichtbar gemacht werden. Die technische Einrichtung ist der Enzephalograph, das sichtbare Ergebnis das Elektro-Enzephalogramm (EEG).
Kurz nach der Veröffentlichung der Ergebnisse des deutschen Neurophysiologen setzte weltweit eine fieberhafte Forschertätigkeit ein. Acht Jahre nach Hans Bergers erfolgreichem Experiment entschlossen sich progressive Psychologen, die technische Erfindung ihres Kollegen für eigene Experimente einzusetzen. Diese Entscheidung war

die Geburtsstunde der experimentellen Schlaf- und Traumforschung.

Die ersten, wirklich Aufsehen erregenden Einzelergebnisse ließen nicht lange auf sich warten. Den interessierten Wissenschaftlern war nämlich etwas Merkwürdiges aufgefallen: Eine Analyse der EEG-Teststreifen ergab, daß bei den freiwilligen Schläfern im Laufe einer Nacht fünf deutlich voneinander unterscheidbare Stadien auftraten, in denen die Gehirnaktivität verschiedene Wellenbewegungen hervorbrachte. Wissenschaftler müssen nun ständig kategorisieren, einordnen. Also wurden auch die verschiedenen Stadien der Einfachheit halber mit A, B, C, D und E bezeichnet. Doch das war nur ein formaler Vorgang. Viel mehr interessierte die Wissenschaftler die Frage, welche Funktion, welche Bedeutung diese fünf Stadien für den Schläfer bzw. Träumer haben.

Wie so häufig ließ sich die Natur auch in diesem Fall nicht so rasch in ihre Karten blicken. Und so dauerte es noch einige Jahrzehnte, bis diese Fragen beantwortet werden konnten. Die Voraussetzungen dafür wurden in den Vereinigten Staaten, in Chicago, geschaffen. Hier, im berühmten Labor von Nathaniel Kleitmann (Universität von Chicago) arbeitete der Doktorand Eugene Aserinsky. Damals konnte er natürlich nicht ahnen, daß gerade seine Untersuchungen von grundlegender Bedeutung sein würden.

Aserinsky beschäftigte sich mit dem Schlaf von Säuglingen. Im Jahre 1953 machte er bei der Beobachtung seiner schlafenden Schützlinge eine sonderbare Entdeckung, für die es zunächst keine Erklärung gab:

Während bestimmter Zeiten war deutlich zu erkennen, daß sich die Augäpfel unter den geschlossenen Lidern extrem rasch hin und her bewegten. Die beiden Wissenschaftler Kleitmann und Aserinsky beschlossen, die Hirnwellenmuster (EEGs) von wachen und schlafenden Säuglingen mit-

einander zu vergleichen. Das Ergebnis überraschte: Zwischen den EEG-Wellen im Wachzustand und den EEG-Wellen während der Schlafperiode der »raschen Augenbewegungen« zeigte sich kein Unterschied!
Aserinsky und Kleitmann waren Wissenschaftler genug, um sofort die Tragweite dieser Entdeckung zu erkennen. Aber sie waren auch Wissenschaftler genug, um zu wissen, daß man immer nur einen Schritt nach dem anderen tun kann. Das bedeutete wieder einmal: klassifizieren, ordnen.
Die Schlafphasen, in denen die raschen Augenbewegungen sichtbar sind, wurden als REM-Phasen (REM = Rapid Eye Movement; englisch für rasche, schnelle Augenbewegungen) bezeichnet, während die anderen Phasen als Non-REM-Phasen eingestuft wurden.
Die Antwort auf die Frage nach der Bewandtnis dieser unterschiedlichen Phasen ergab sich in diesem Fall fast automatisch.
Die raschen Augenbewegungen während der REM-Phasen und die eines wachen Menschen, der sich zum Beispiel irgend etwas ansieht, glichen sich exakt. Und in dieser Übereinstimmung mußte die Lösung des Problems zu finden sein.
Die beiden Forscher waren auf einer heißen Spur. Sie fertigten ein EEG an, das die Gehirnstromaktivität einer Nacht aufzeichnete, und analysierten das Ergebnis. Dabei stellten sie schlüssig fest, daß es mehrere solcher REM-Phasen gab, und zwar mit deutlich sichtbarer Regelmäßigkeit.
Anhand der Gehirnwellenaktivität ließ sich nun ablesen, zu welchem genauen Zeitpunkt eine REM-Phase auftrat und wie lange sie andauerte. Babies eignen sich nun aus leicht erklärlichen Gründen nicht sonderlich gut für ausführliche Schlafexperimente. Deshalb stellten die Forscher eine Reihe freiwilliger Versuchspersonen für ihre Laborexperi-

mente ein, damit die Untersuchungen über die verschiedenen Schlaf- und Traumphasen an Erwachsenen durchgeführt werden konnten. Da die Wissenschaftler herausfinden wollten, in welchen Phasen Träume entstehen, weckten sie die Versuchsschläfer zu unterschiedlichen Zeiten und befragten sie nach ihren Träumen: Wurde ein Schläfer nach einer REM-Phase aufgeweckt, berichtete er über einen Traum. Weckte man ihn hingegen nach einer Non-REM-Phase, gab es keinen Traumbericht. Es stand endlich fest: REM-Phasen sind die geheimnisvollen Traumphasen. In ihnen geschieht etwas, das sich dem forschenden Zugriff beharrlich entzieht, denn die einzelnen Gehirnwellen können nichts über den Inhalt der entsprechenden Traumereignisse aussagen. Ob jemand etwas Bedrohliches oder Erfreuliches träumt, läßt sich nicht durch ein EEG nachprüfen. Nun betraten die oft so geschmähten Statistiker die Bühne der Traumforschung. Mit ihren Methoden war es nicht mehr schwierig, anhand der zahlreichen Einzelergebnisse ein exaktes, überprüfbares Schema zu entwickeln, das dem kompletten Schlafverlauf entspricht, also dem Wechselspiel zwischen REM- und Non-REM-Phasen.

Dieses Schema brachte noch ein anderes Ergebnis: Jeder Mensch träumt, auch der, der dies konsequent leugnet.

Statistiker zählen und vergleichen, das ist ihre Aufgabe. Also verglichen sie die Häufigkeit der REM-Phasen bei Versuchspersonen unterschiedlichen Alters. Dabei entdeckten sie eine höchst erstaunliche Beziehung:

Bis zum Alter von etwa fünf Jahren lassen sich auf dem EEG bis zu neun (!) Traumphasen ablesen. Mit ansteigendem Alter verringert sich diese Zahl auf vier Traumphasen pro Nacht. Im hoher Alter nimmt die Anzahl der Traumphasen noch weiter ab.

Dieses Ergebnis führte zu folgender Vermutung: Träumen

hat etwas mit Lernen bzw. dem Verarbeiten von bereits Gelerntem zu tun.

Dieser für Skeptiker außerordentlich kühne Gedanke läßt sich jedoch durch einige Fakten über den Gehirnmechanismus des Menschen erhärten. Im Gegensatz zu den übrigen Körperorganen ist das menschliche Gehirn bei einem Neugeborenen nahezu vollständig ausgebildet. Diese sinnvolle Einrichtung der Natur garantiert, daß die Steuerzentrale des Menschen vom ersten Atemzug an voll funktionstüchtig ist. In ihr ist das gesamte Erbmaterial gespeichert, das einem Menschen zur Verfügung steht. Aus diesem Grundmaterial entwickelt sich nun im Verlauf der nächsten Zeit das, was wir eine unverwechselbare Persönlichkeit nennen: ein neues, eigenständiges Ich. Bei der Geburt ist es als reines »Anlagemodell« vorhanden, das erst durch Erlebtes verwirklicht werden kann.

Von der ersten Lebensminute an empfängt das Gehirn pausenlos Eindrücke der verschiedensten Art, die gespeichert werden. Das geschieht in den berühmten grauen Zellen, deren Aufnahmekapazität schier grenzenlos ist. Schon in der Grundausstattung stehen rund 15 Milliarden (!) zur Verfügung. Sie stehen miteinander in ständiger Verbindung und bilden durch komplizierte biochemische Vorgänge eine astronomische Anzahl von Haupt-, Neben- und Unterprogrammen, die wir vereinfacht Verhaltens- oder Reaktionsmuster nennen. Die Entwicklung und Verknüpfung dieser Programme steht nun in direkter Abhängigkeit zur jeweiligen konkreten Umwelt mit ihren vorgegebenen sozialen Faktoren.

Kehren wir jetzt wieder zurück zu unserer Aussage, daß Träumen etwas mit Lernen zu tun hat.

Wie Sie bereits wissen, entsprechen die einzelnen Wellenbewegungen der Gehirnstromaktivität während einer REM-Phase denen im Wachzustand. Der träumende Säug-

ling »sieht« also bestimmte Bilder, die irgendeines seiner bereits fertig entwickelten Programme (Verknüpfungsmuster) aus einem ganz bestimmten Grund produziert: Wir machen uns unsere Träume selbst!
Gemessen am Wissensstand eines Erwachsenen weiß ein Säugling natürlich so gut wie gar nichts. Seine grauen Zellen warten noch darauf, mit Informationen gefüttert zu werden, denn nur so können sie ihre Funktion aufnehmen. Und sie stellen immer wieder »Übungsfragen«, um wirklich sicher zu sein, daß das bisher Gespeicherte in den Rahmen des Grundmodells paßt und daß es auch tatsächlich wirksam und jederzeit abrufbar gespeichert ist.
Wenn ein Säugling also pro Nacht neunmal träumt, überprüfen seine grauen Zellen neunmal das bislang Gespeicherte. Liegt also der eigentliche Schlüssel zum Verständnis der Träume und ihrer Bedeutung in diesem Vorgang: Lernen im Schlaf? Erinnern wir uns: Ein Mensch mit durchschnittlicher Lebenserwartung schafft sich im Laufe seines Lebens etwa 140 000 Träume.
Geht man davon aus, daß ein großer Teil bereits in den ersten Lebensjahren geträumt wird und daß die Kurve mit zunehmendem Alter abflacht, ist dies ein überzeugender Hinweis darauf, daß Träumen tatsächlich etwas mit Lernen zu tun hat: Wir wissen, daß wir irgendwann in diesem Leben ausgelernt haben, daß nichts Neues mehr hinzukommen kann, ja nicht mehr gebraucht und verwendet werden kann.
Es ist eindeutig das Verdienst der experimentellen Schlafforschung, diese Zusammenhänge aufgedeckt zu haben. Sicherlich hat dieser Zweig der Verhaltensforschung auch seine Grenze erreicht. Denn die EEG-Wellen lassen keinen Rückschluß auf den Inhalt der Traumbilder zu. Der Schlafforscher ist also in seiner weiteren Arbeit auf die intensive Mitarbeit seines Träumers angewiesen. Und hier

wird es problematisch. Wer erinnert sich an seine vier bis fünf nächtlichen Traumepisoden?
Da haben es die Senoi leichter, sie lernen dieses Sich-Erinnern von frühester Kindheit an. Heißt das für uns Mitteleuropäer aber nun, daß wir das Nachsehen haben? Daß wir allenfalls unsere Kindererziehung korrigieren können, um dadurch mit der Hoffnung auf eine bessere Zukunft, an der wir selbst nicht mehr teilhaben, zu leben? Die Antwort lautet: Nein. Jeder von uns kann die Traumtechnik erlernen, wenn auch nicht von heute auf morgen. Ich möchte Ihnen an einem einfachen Beispiel erläutern, wie dieser Lernvorgang praktisch aussieht. Stellen Sie sich vor, Sie sollten einen Tisch decken. Bevor Sie das aber tun, ist es erforderlich, den Tisch vorher abzuräumen, denn sonst gäbe es ja ein heilloses Durcheinander. Sie hätten keinen Überblick mehr. Mit der Traumtechnik, wie sie in diesem Buch vorgestellt und entwickelt wird, verhält es sich ebenso. Bestimmt haben Sie bereits viel über dieses Thema gelesen, haben im Fernsehen Filme darüber gesehen und natürlich auch versucht, mit den gewonnenen Fakten ihre eigenen Träume zu deuten. Und wie sahen die Ergebnisse aus? Waren Sie damit einverstanden oder gar zufrieden? Vergessen Sie für die Zeit, die Sie mit diesem Buch zubringen, Ihr bisheriges Wissen über die Welt der Träume, vergessen Sie alle Bücher über Traumsymbole, sie verwirren unnötig und bringen Sie in den meisten Fällen auf eine falsche Fährte. Die bloße Übernahme einer gefundenen Symbolbedeutung schafft, wie am Beispiel des Zahntraums aufgezeigt, eine psychisch eher belastende Situation. Damit erreichen Sie so ziemlich das genaue Gegenteil dessen, was die Träume bzw. der Umgang mit ihnen bewirken sollen: Harmonie und Übereinstimmung zwischen Ihrem inneren und äußeren Leben.
Wir machen uns unsere Träume selbst, dieser Gedanke

kann nicht oft genug wiederholt werden. Es existiert nirgendwo eine andere, geheimnisvolle Welt, die sich in unseren Träumen zeigt oder offenbart. Ich möchte in diesem Zusammenhang einen kurzen Abstecher auf das Dach der Welt, nach Tibet machen.

Sicher haben Sie schon einmal vom *Tibetanischen Totenbuch*, dem *Bardo Thödol*, gehört. Es ist in seinen wesentlichen Teilen im achten Jahrhundert unserer Zeitrechnung von Padmasambhava, einem buddhistischen Apostel, dem Zauberkräfte und magisches Wissen vertraut waren, geschrieben worden. Dieses Buch beschreibt den Weg eines Menschen vom Augenblick seines Todes bis zum Zeitpunkt seiner Wiedergeburt. Uns interessiert am *Bardo Thödol* ein einziger, wenngleich entscheidender Gedanke. Während des Weges, den der Gestorbene zurücklegen muß, begegnen ihm sämtliche Gottheiten seiner Religion, in all ihren schrecklichen, angsteinflößenden Gestalten. Aber hierbei handelt es sich »nicht um Visionen einer Wirklichkeit, sondern um nichts anderes als die eingebildeten Verkörperungen der Gedankenformen, die aus dem Geistesinhalt des Betreffenden geboren werden; oder in anderen Worten: sie sind die Gedankenimpulse, die im Traumzustand nach dem Tode personifizierte Formen angenommen haben« (Evans-Wentz).

Der betreffende Mensch schafft sich also seine Götter, ob sie nun grausam oder gütig sind, selbst, in und aus seinem Bewußtsein. Wie dieses Bewußtsein entsteht, haben wir in groben Zügen beschrieben. Ein Neugeborenes kommt mit einem ererbten Grundprogramm, einem Anlagemodell, auf die Welt. Es ist hier nicht notwendig, auf die komplizierten Gesetze der Vererbungslehre einzugehen. Uns interessiert lediglich, daß in diesem Grundprogramm, in diesem Anlagemodell, physische und psychische Voraussetzungen gegeben sind, auf denen sich über eine Vielzahl von Wirkfaktoren die Individualität entwickeln kann. Sie erinnern sich, daß für die Ausprägung die konkrete, vorgegebene Umwelt entscheidend ist. Dies läßt sich in hervorragender Weise am Beispiel eineiiger Zwillinge demonstrieren. Erst jüngst haben Genforscher sich in einem langjährigen Experiment mit diesem Phänomen auseinandergesetzt. David T. Lykken und Thomas J. Bouchard berichten über ihr Experiment:

». . . schätzen wir, so paradox das klingt, den Einfluß der Gene auf das Verhalten höher ein als zuvor und empfinden gleichzeitig auch mehr Respekt vor der prägenden Kraft der Umwelt. Die Auflösung dieser auf den ersten Blick widersprüchlichen Aussage besteht darin, daß im menschlichen Genom eine Fülle von Möglichkeiten steckt, von denen viele im Lauf des Lebens überhaupt nicht – und die meisten zumindest nicht vollständig – realisiert werden. Unser Großhirn ist zum Beispiel programmiert, bei jedem Menschen . . . auf eine einzigartige Weise – aber diese genetisch vorliegenden Programme werden durch Erfahrungen erst konkret ausgestaltet und dabei in gewissem Umfang sogar revidiert. Wir sind ohne Zweifel bemerkenswert anpassungsfähig, nicht nur als Spezies, sondern auch als Individuen. Aber diese Anpassung erfolgt bei jedem von uns entsprechend den Anlagen und innerhalb der Grenzen, die sein Genom vorgibt. Hinzu kommt, daß die konkrete Ausgestaltung des genetisch vorliegenden Programms durch etwas gesteuert wird, was man als das übergeordnete ›Generalthema‹ des genetischen Bauplanes bezeichnen könnte: Ein künstlerisch begabtes Kind zeichnet und modelliert Stunden um Stunden, ein aggressiv veranlagtes wird durch Erfahrung ein geschickter Kämpfer, ein Kind mit handwerklicher Begabung bastelt Gegenstände und nimmt Dinge auseinander. Jedoch können mächtige Umweltbedingungen das genetische Programm in

manchen Fällen offensichtlich so stark unterdrücken, daß sich im Phänotyp gleichsam nur untergeordnete genetische ›Themen‹ zu manifestieren vermögen.«
Soweit die Forscher. Zwei Aussagen führen uns wieder ein Stück näher an unsere Traumtür: das »Generalthema« eines Menschen und die prägende Kraft der Umwelt.
Stellen Sie sich folgende Situation vor: Das Generalthema Ihres Lebens hätte zu tun mit der künstlerischen Veränderung vorgegebener Dinge (erfahrene Kosmosophen, früher als Astrologen bezeichnet, können dieses Generalthema Ihres Lebens herausfinden). Die konkrete Umwelt, also Ihre familiäre Situation während der ersten Lebensjahre, würde nun diese »genetische Vorgabe« konsequent, und letztlich – gemessen an Ihrem Lebensziel – brutal unterdrücken. Aber ihr Generalthema ist genetisch gespeichert, also ständig vorhanden. Im Traum, das haben wir ja gesehen, werden Lernergebnisse immer wieder mit dem Generalthema verglichen. Auf unser Beispiel übertragen, bedeutet dies, Gedanken, Worte und Taten Ihres Alltags werden im Traum auf ihre Brauchbarkeit zur Erreichung und Realisierung Ihrer künstlerischen Begabung hin miteinander verglichen, bewertet und analysiert. Und je nach Ergebnis werden Sie sich an diesen Traum erinnern. Es besteht also ein direkter Zusammenhang zwischen der Erinnerung an einen Traum und Ihrer »Fehlleistung« im Hinblick auf Zielverwirklichung.
Erinnern Sie sich an Ihre Schulzeit? Wenn Sie damals eine Klassenarbeit zurückbekamen, galt Ihr Hauptinteresse neben der Note, die Sie für diese Arbeit bekamen, den mehr oder weniger zahlreichen roten Unterstreichungen, die Ihr Lehrer vorgenommen hatte. Diese roten Anmerkungen signalisierten Ihre konkreten Fehlleistungen und waren eben aus diesem Grunde für Ihre eigene Weiterentwicklung eine wesentliche Hilfe: Sie markierten die Pro-

bleme, mit denen Sie sich in der Folgezeit noch einmal auseinanderzusetzen hatten. Auf einen Traum übertragen, heißt dies: Der Traum entspricht einer Klassenarbeit, die prägnanten Traumbilder dem Rotstift eines Lehrers. Und je nach Traumende ist ein Lernziel erreicht oder nicht. Bestimmte Lernziele sind nur dann zu erreichen, wenn die notwendigen Einzelschritte exakt sitzen.

Um nun im übertragenen Sinne ein Lernziel zu erreichen, sind wir von der Natur aus mit einer Reihe äußerst sinnvoller Empfangsantennen ausgerüstet: mit unseren Sinnen. Sie sind die Hilfsinstrumente unserer Steuerzentrale, die ja von sich aus keine Eindrücke aufnehmen kann. Mit unseren Sinnen nehmen wir pausenlos Eindrücke aus unserer Umwelt auf. Diese jagen dann blitzschnell über entsprechende Nervenbahnen in unser Gehirn, finden ihren Zielort und können dort verarbeitet werden. Ein Beispiel hierzu: Sie wandern durch eine große, weite Landschaft, in der am Horizont ein riesiger Baum steht. Ihre Augen erfassen seine Gestalt (Form, Farbe, Größe und Ausdehnung), Ihre Ohren registrieren seine spezielle Akustik (das Rauschen der Blätter und Rascheln der Zweige), Ihre Nase reagiert auf den spezifischen Duft (vielleicht dem einer Linde) und Ihre Hände »begreifen« seine ganz konkrete Gestalt (rissige Rinde, weiche Blätter). Jede dieser Einzelinformationen ist wiederum aus einer unendlichen Fülle von Unterinformationen zusammengesetzt. Das Endergebnis nun besteht lediglich aus vier Buchstaben: BAUM.

Die Entstehung der Sprache in ihrer konkreten Lautgebung zählt nach wie vor zu den geheimnisvollsten Kapiteln der menschlichen Geschichte. Das Beispiel des Wortes BAUM zeigt, welche Vorleistungen notwendig sind, damit es überhaupt zu diesem Begriff kommen kann. Wie viele chemische Reaktionen sind notwendig, wie viel Energie wird verbraucht, um unsere Schaltzentrale so zu program-

mieren, daß wir keine Probleme haben, einen Baum zu identifizieren.
Für die Technik der Traumdeutung ist der Hintergrund dieses Beispiels von grundsätzlicher Bedeutung. Denn abgesehen von der Entstehung eines bestimmten Wortes zeigt das Beispiel einen faszinierenden Aspekt: Erst die Sprache gibt den Dingen in unserer Welt ihre Wirklichkeit. Was sprachlich nicht faßbar ist, existiert auch noch nicht für uns. Aber dieses Phänomen kennen Sie zur Genüge aus eigener Erfahrung. Ihnen gehen bestimmte Bilder durch den Kopf, Sie machen sich ganz bestimmte Gedanken über irgend etwas. Und wenn Sie diese Dinge dann sprachlich umsetzen möchten, fehlen Ihnen die »richtigen« Worte, und Sie sind enttäuscht, weil »sprachlos«. So leben wir ständig mit dieser scheinbar unüberbrückbaren Kluft zwischen unseren sprachlosen Gedanken und ihren unzureichenden Übersetzungen in unser Sprachsystem. Da reicht auch nicht der Blick in ein Synonym-Wörterbuch. Denn hier finden wir lediglich eine ähnliche Bezeichnung für den gleichen Gegenstand, aber keine neue Wirklichkeit. In unseren Träumen nun werden wir scheinbar mit einer Wirklichkeit konfrontiert, von der wir nur Ausschnitte verstehen bzw. glauben, zu verstehen. Was keinen Namen hat, ist noch verzaubert, ist noch nicht »erlöst«, das heißt, noch nicht herausgelöst aus seinem Urgrund. Nun besteht unser Grundprogramm ja, wie wir gesehen haben, nicht nur aus dem von unseren Eltern und Großeltern ererbten Material, sondern es besteht zu einem nicht unerheblichen Teil aus dem Urgrund, aus den Erinnerungen der ganzen Menschheitsgeschichte. Jeder einzelne Mensch stellt sozusagen die Summe der gesamten menschlichen Entwicklung dar. Nur ist ihm dies selten bewußt. Andererseits macht er sich ja auch keine besonders tiefgreifenden Gedanken darüber, weil er viel zu sehr damit beschäftigt ist, seinen

konkreten Umraum, seine Welt, zu erkunden, zu klassifizieren und — für seine eigenen Zwecke zu kalkulieren. Da bleibt scheinbar keine Zeit, sich mit den anderen Bereichen, die möglicherweise darüber liegen, zu beschäftigen. Aber unsere Träume haben diese Zeit.
Kehren wir noch einmal zurück zum Zusammenhang Träume — Sprache, und damit gleichzeitig zum entscheidenden Schritt zur Technik der Traumdeutung. Wenn hier von Traumdeutung gesprochen wird, ist dies immer ganz konkret auf eine Einzelperson bezogen, also auf Sie ganz persönlich.
Durch die Sprache erreichen wir zwei Ziele: Einmal machen wir uns unsere Welt damit wirklich, das heißt, wir geben den Dingen einen Namen, eine Realität, zum anderen ist die Sprache das wesentliche Mittel der Kommunikation. Ohne jetzt in die Tiefen der Sprachphilosophie eindringen zu wollen, greifen wir drei Aspekte heraus, die für die Traumtechnik von großer Wichtigkeit sind: Es gibt Worte, mit denen wir Gegenstände bezeichnen, Worte durch die wir eine Dynamik ausdrücken, und Worte, mit denen wir Dinge beschreiben. Um in der gleichen Reihenfolge zu bleiben: Substantive (Sachwörter), Verben (Handlungswörter) und Adjektive bzw. Adverbien (Eigenschaftswörter und Umstandswörter).
Ich möchte ein Traumbeispiel konstruieren, an dem Sie nachvollziehen können, welche Bewandtnis es mit diesen Wortklassen hat.
Traumbild: Ein großes, halb verfallenes Gebäude mit vielen Treppen. Sie selbst rennen und jagen über diese Treppen, wissen aber nicht, wohin, und irgendwann werden Sie wach.
An Substantiven in diesem Traum haben Sie »Gebäude« und »Treppen«, an Adjektiven »viele« und an Verben »rennen« und »jagen«.

Diese wenigen Angaben würden schon ausreichen, um auf die Funktion dieses Traumbildes zu kommen – wenn es nicht das Geheimnis der Individualität gäbe.
Bevor wir näher darauf eingehen, möchte ich ein kleines Experiment anregen. Alles, was Sie dazu brauchen, ist die erste Zeile des bekannten Liedes: »Vor meinem Vaterhaus steht eine Linde«. Schließen Sie jetzt die Augen und summen Sie die Melodie. Dann warten Sie einen Augenblick, bevor Sie folgende Frage beantworten: Welche Linde entsteht da vor Ihrem geistigen Auge? Ist es eine, die Sie kennen, die Sie ganz genau beschreiben können? Oder haben Sie möglicherweise noch nie in Ihrem Leben bewußt eine Linde gesehen? In diesem Fall hören Sie zwar den Begriff »Linde«, aber er hat für Sie keinen Erinnerungswert, keine Wirklichkeit. Also füllen Sie ihn mit einer Wirklichkeit, von der Sie glauben oder annehmen, daß sie etwas mit einer Linde zu tun hat.
Wenn Sie nun dieses gleiche Experiment im Familien- oder auch Freundeskreis durchführen, möglicherweise auch an einem anderen Beispiel, kommen Sie zu verblüffenden Ergebnissen. Die Welt, in der wir leben, besteht aus unendlich vielen Dingen (Menschen, Häuser, Autos, Lieder usw.). Diese Dinge erhalten ihre Wirklichkeit erst durch einen Namen. Nur der Mensch ist in der Lage, solche Namen zu geben. Ein Ding, das einen eigenen Namen hat, wird dadurch von anderen unterschieden. Aber jetzt wird es vertrackt: Die meisten dieser Namen stehen ja mehr oder weniger für die Funktion, für die Bedeutung, die dieses bestimmte Ding für uns Menschen hat. Möglicherweise möchte ein Baum einen ganz anderen Namen haben, aber darum geht es hier nicht. Bleiben wir beim Beispiel des Baumes. Irgendwann als Kleinkind haben Sie zum ersten Mal einen Baum gesehen und »sein« Wort gehört. Im Laufe der folgenden Entwicklungszeit haben Sie ganz

persönliche, individuelle Erfahrungen mit dem Phänomen Baum gemacht. Und immer dann, wenn Sie als Erwachsener das Wort Baum hören und sich etwas darauf konzentrieren, kommen nach und nach (fast) sämtliche Erinnerungen, die Sie persönlich mit einem Baum gemacht haben, an der Oberfläche Ihres Bewußtseins. Das ist übrigens auch der Grund, weshalb jeder einzelne von uns eine andere Vorstellung von einem bestimmten Begriff hat. Je nach Erfahrung eine mehr positive oder negative Färbung.
Und jetzt können Sie eigentlich schon ohne besondere Schwierigkeiten den konstruierten Treppentraum deuten: Sie erinnern sich, Gebäude, Treppen, viele, rennen, jagen. Die erste, entscheidende Frage lautet: Handelt es sich um ein ganz konkretes, mir bekanntes Gebäude? Sind die Treppen, die ich gesehen habe, in diesem konkreten Gebäude zu finden? Lautet die Antwort ja, handelt es sich mit größter Wahrscheinlichkeit ja um ein offizielles Gebäude (Behörde, Schule, Arbeitsbetrieb, Kaufhaus usw.). Daß das Gebäude in unserem konstruierten Traum halb verfallen war, können wir im Augenblick vernachlässigen.
Nun steht ja jedes der »vor übersetzten« Substantive für eine fest umrissene Funktion: Behörde = Staatsgewalt, Schule = Prüfungen und Abschlüsse, Arbeitsbetrieb = Lebensunterhalt, Kaufhaus = Konsum.
Da es sich in unserem Beispiel um einen konstruierten Traum handelt, ist es durchaus zulässig, aus den vorgegebenen Möglichkeiten eine herauszunehmen und als für das Traumgeschehen verbindlich zu machen. Bei dem geträumten Gebäude handelt es sich also um eine Behörde. Sie ist der Kernpunkt der weiteren Analyse. Hierfür bieten sich zwei Wege an: zum einen die sogenannte freie Assoziation, zum anderen eine Auflistung der gemachten Erfahrungen mit einer Behörde, und zwar ganz konkrete.

Der Vorteil des erstgenannten Weges liegt darin, daß Sie letztlich sämtliche Assoziationen, die Ihnen zum Begriff Behörde einfallen, auf einem Blatt Papier vor sich haben und auf einen Blick Ihre ganz persönliche Einstellung hierzu sehen. Häufig ergibt sich bereits aus der freien Assoziation das Grundproblem, das sich dann im Traumbild gezeigt hat.
Der zweite Weg ist zeitaufwendig, weil er ja voraussetzt, daß Sie sich wirklich intensiv mit Ihren Erfahrungen einer Behörde gegenüber auseinandersetzen. Der Vorteil dabei ist, daß Sie möglicherweise auf ein ganz konkretes Ereignis stoßen, aus dem sich für Sie das Problem entwickelt hat, das Ihnen im Traum sichtbar gemacht wurde – von Ihrer eigenen Schaltzentrale. Halten wir fest: Sie schlüsseln ein Traumbild ganz nüchtern und sachlich in seine Hauptbegriffe auf – Substantive, Verben und Adjektive bzw. Adverbien. Das Substantiv bezeichnet den Grundkonflikt, den eigentlichen Kern des Traumbildes, den Sie dann mit den beiden beschriebenen Wegen einkreisen können.
Der nächste Schritt besteht in der Auseinandersetzung mit den Verben, in unserem Beispiel sind es »rennen und jagen«. Das deutsche Wort für Verb, Tätigkeitswort, kennzeichnet die grundsätzliche Bedeutung eines Verbums: das Handeln, mit anderen Worten, die Dynamik, die Bewegung. Und nun definieren Sie lediglich die Funktion von »Rennen und Jagen«. Rennen wird jemand, der rascher an ein Ziel kommen möchte, aber auch jemand, der vor jemandem weglaufen will oder muß. Und zum Jagen gehören mindestens zwei: Jäger und Gejagter.
In unserem Traumbeispiel bezieht sich das Rennen und Jagen auf die Treppen. Die ursprüngliche Bedeutung des Wortes »Treppe« liegt darin, daß Treppen getrennte Räume miteinander verbinden oder überhaupt den Zugang zu einem Gebäude ermöglichen. Das Adjektiv »viele«

kennzeichnet, daß ganz einfach viele Verbindungen oder Zugänge vorhanden sind oder benutzt werden.
Ich habe dieses Beispiel bewußt so ausführlich dargestellt, weil es sozusagen die erste, wichtigste Grundregel für eine praktische Traumdeutung oder Traumanalyse zeigt:
Ein Traumbild wird in seine sprachlichen Elemente gegliedert, als Ergebnis haben Sie dann bereits eine klare Grundaussage, die Sache an sich, seine Dynamik und seine Erscheinungsweise. Diese Regel hilft Ihnen bei jedem Traumdeutungsversuch.
Bei der Beschäftigung mit den einzelnen Worten haben Sie die Chance, Ihre Schaltzentrale, Ihren Speicher direkt anzuzapfen, wenn Sie sich für den Weg der freien Assoziation entscheiden. Technisch sieht das so aus, daß Sie auf ein Blatt Papier alles das aufschreiben, was Ihnen zu einem vorgegebenen Begriff einfällt. Sie dürfen nur nicht lange überlegen, sondern müssen ganz spontan schreiben.
Nach diesen Vorgaben ist es nun verhältnismäßig einfach, unseren konstruierten Traum zu deuten:
Jemand hat einen konkreten Konflikt mit einer ihm bekannten Behörde auszutragen und sucht verzweifelt den Zugang zur Lösung dieses Konfliktes, der nicht irgendwo, sondern in der Behörde zu finden ist; deshalb das Rennen und Jagen über die vielen Treppen. Auf einen konkreten Fall übertragen, hieße dies zum Beispiel, jemand wartet auf eine behördliche Entscheidung, die seiner Meinung nach überfällig ist. Durch diese Verzögerung fühlt er sich in seinem augenblicklichen Leben eingeengt, angegriffen.
Erst jetzt können wir die Tatsache aufgreifen, daß das Gebäude im Traum halb verfallen war. Tatsache ist, daß es kein offizielles Gebäude gibt, das wirklich halb verfallen ist. Hier reicht also die bisher praktizierte Wortdeutung nicht mehr aus. Offensichtlich handelt es sich bei diesem Adjektiv (halb verfallen) nicht mehr um eine konkrete,

bekannte Beschreibung des betreffenden Gebäude. Es muß also eine andere Bewandtnis damit haben. Aber welche? Hier sind wir an den Punkt gelangt, an dem wir die Traumtür, die wir ja bisher sozusagen von außen beschrieben haben, vollends aufstoßen können. Wir betreten ein rätselhaftes, phantastisches Land, in dem die uns bekannten Grenzen von Raum und Zeit aufgehoben sind: Wir stehen an der Schwelle zu uns selbst. Die Traumtür, bislang geschlossen, ist weit geöffnet, hebt sämtliche Schranken auf, die der Alltag mit seinen ständigen Anforderungen aufbaut. Hier zählt keine Vorschrift, keine Verordnung, kein von Menschen gemachtes Gesetz mehr, keine Gebote oder Verbote greifen störend in die Landschaft unserer Seele ein – wenn wir in der Lage sind, sie vollständig auf unseren Alltag zu übertragen, wie beispielsweise die Senoi es können.

Was hindert uns eigentlich daran?

Eine Antwort auf diese Frage haben wir bereits erörtert: Es ist unsere Erziehung, die ja ausschließlich auf die Erfordernisse des Alltags und seiner Bewältigung abzielt. Die andere Antwort, und dies mag Sie überraschen, liegt natürlich in unserer Sprache, tief verwurzelt.

Die Sprache gibt den Dingen erst ihre Wirklichkeit. Das setzt aber voraus, daß sich tatsächlich für alles, was in unserem Kosmos zu finden ist, eine sprachliche Entsprechung finden läßt. Und genau das ist nicht der Fall. Sprache ist immer ein Notbehelf. Und ein bestimmter Begriff, den wir zur Bezeichnung eines Gegenstandes benutzen, deckt diesen nur in seinem wesentlichen Bereich ab. Dies können Sie selbst ganz einfach überprüfen, eine Farbe sprachlich so zu beschreiben, daß jemand, der diese Farbe nicht sieht, eine genaue Vorstellung davon haben kann. Oder versuchen Sie einmal, eine Kugel sprachlich zu beschreiben, oder die Blüte einer Rose oder Orchidee.

Wieviel schwieriger wird dieses Unterfangen aber, wenn es darum geht, Gefühle, Stimmungen, Anmutungen für einen anderen nachvollziehbar zu beschreiben. Da kommen wir schon in arge Bedrängnis, da reicht unser gesamter Sprachschatz nicht. In unseren Gedanken und Vorstellungen aber, und das ist das Faszinierende, kommen wir ohne Sprache, ohne Worte aus. Von bestimmten Begriffen haben wir sogar eine Vorstellung, obwohl wir den Inhalt oder die Auswirkung dieses Begriffes nie gesehen haben: Friede, Liebe, Ewigkeit, Kosmos usw. Trotzdem können wir mit diesen Begriffen tagtäglich umgehen und uns darüber verständigen, obwohl niemand weiß, was Friede überhaupt ist und ob er überhaupt eine evolutive Bedeutung hat. Nehmen wir zum Beispiel eine Gesellschaftsform, die mit keinem Nachbarstaat in Konflikt oder kriegerischer Auseinandersetzung lebt. Dieses Land lebt im Frieden, heißt es dann. Und trotzdem gehen die Bewohner dieses Landes ganz und gar nicht friedlich miteinander um, sie bekämpfen sich bei jeder Gelegenheit, versuchen, sich gegeneinander auszuspielen. Lebt ein solches Land wirklich im Frieden? Wenn wir in diesem Zusammenhang einen Evolutionstheoretiker nach der Funktion von Frieden befragen, könnte seine Antwort lediglich ein Achselzucken sein. Die Problematik liegt einfach darin, daß wir bei allen Begriffen, die eine wie auch immer geartete Bewertung hinsichtlich von Gut und Böse erfordern, uns immer fragen sollten: Gut (bzw. Böse) gemessen woran?

Wir haben gesagt, erst die Sprache schafft eine Wirklichkeit. Dies kann sie aber nur in den Bereichen, für die es eine Wortentsprechung gibt. Alles andere bleibt verzaubert, unwirklich, bis jemand einen passenden Namen gefunden hat.

Der Mensch trägt nun in sich die gesamte Wirklichkeit der

Schöpfung, also auch die Teile der Wirklichkeit, für die es noch keine Namen gibt. Sie existieren in den vorhin beschriebenen Vorstellungen darüber.

Es ist sicherlich interessant, sich über die noch »namenlose« Wirklichkeit Gedanken zu machen. Mit jedem Schritt, den der Mensch in seine eigene Zukunft tut, werden Teile dieser Wirklichkeit aus ihrem noch verschleierten, geheimnisvollen Urgrund emporgetrieben und suchen sich ihren Weg in unser Bewußtsein. Die bisherigen Ergebnisse der Parapsychologie sind beispielsweise ein deutlicher Hinweis auf diesen Vorgang. Wenn wir nun anstelle des Begriffs »namenlose Wirklichkeit« den der Urerinnerung der Urerfahrung, setzen, kommen wir dem Phänomen ein wesentliches Stück näher, das wir im Zusammenhang mit unserem Traumbeispiel zum Anlaß genommen haben, eine kurze Denkpause einzulegen.

Dabei geht es um das Phänomen der Begriffe, die wir aus einem Traumereignis herauslösen und die für uns keine konkrete Entsprechung zum Alltag haben. Was fangen wir damit an?

Im Traum sind alle Grenzen aufgehoben, alles, was in einem Menschen steckt, ist augenblicklich vorhanden. Alle Erfahrungen, alle Erinnerungen stehen zur Verfügung, um den Lernprozeß zu unterstützen, zu korrigieren, auf andere, notwendigere Wege zu dirigieren. Und dabei geschieht etwas Seltsames. In die Bewältigung der Alltagsprobleme bricht unvermutet die Urerinnerung, die Urerfahrung ein. Sie verschmilzt mit dem Alltäglichen, reichert es an, verdeutlicht und setzt starke Akzente – dem, der diese Urerinnerungen annehmen will und kann.

Einer der profiliertesten Psychologen unseres Jahrhunderts, C. G. Jung, bezeichnet diese Urerinnerungen als das »kollektive Unbewußte«. Wir werden in einem späteren Kapitel darauf zurückkommen. Dieses kollektive Unbewußte erfaßt die namenlose Wirklichkeit, die sich in einem Traum manifestiert.

Weshalb geschieht das?

Je mehr Voraussetzungen oder Entscheidungshilfen wir zur Lösung eines bestimmten Problems einsetzen können, desto größer ist die Chance, daß wir das Ziel auch erreichen.

Dieser bekannte Grundsatz läßt sich nun problemlos auf das Generalthema Ihres Lebens übertragen. Es gilt, dieses Generalthema, diese grundsätzliche Aufgabenstellung zu verwirklichen. Dabei spielt die Ebene, auf der dies geschieht, keine Rolle. Wichtig ist nur, daß wir die Funktion des kollektiven Unbewußten, der Urerinnerungen akzeptieren – für die Entwicklung unseres Lebens.

Und damit sind wir wieder bei unserem Hauptproblem, der Sprache, angelangt. Jetzt gilt es, das bisher Gesagte auf die praktische Traumdeutung zu übertragen. Gerade dieses Vorhaben ist von entscheidender Wichtigkeit, weil es Ihnen gestattet, Ihre Träume nicht nur deuten zu können, sondern sie auch in ihr Leben zu integrieren, ihre Notwendigkeit zu verstehen.

Die erste Regel der Traumdeutung lautete: sprachliche Unterscheidung der Traumbilder in die drei Klassen. Substantive, Verben und Adjektive / Adverbien.

Das Ergebnis dieser Regel gibt Auskunft darüber, ob es sich bei Ihrem Traum um eine Verarbeitung aus Alltagsproblemen handelt.

Fällt die Antwort in diesem Sinne positiv aus, wissen Sie, welches Problem bei Ihnen augenblicklich ansteht.

Ist die Antwort jedoch negativ, lassen sich also die Traumbilder nicht mehr konkret fassen, sind sie sogar miteinander verflochten, heißt das für Sie, den Weg in Ihr Unterbewußtes (oder auch Ihr Vorbewußtes, wenn Sie diese Formulierung vorziehen) anzutreten. Sie lassen sich auf das

Abenteuer ein, Ihre Seelenlandschaft, die hinter der Traumtür liegt, zu erkunden, um Ihr Alltagsleben und seine Unverständlichkeiten Schritt für Schritt begreifend kennenzulernen, und zwar auf der Grundlage Ihrer Gesamtperson. Nicht mehr und nicht weniger vermag der richtige Umgang mit Ihren Träumen zu erreichen: zu wissen, wer Sie letztlich sind.
Die Bilder des kollektiven Unbewußten haben nur Behelfsnamen: das Ungeheuer, die Hexe, das Märchen, die Verzauberung, aber auch das Wasser, das Feuer usw.
Sie kommen, wenn es für Ihre Entwicklung sinnvoll ist, im Traum an die Oberfläche und mischen sich in die Bilder des normalen Bewältigungstraums.
Um nun die machtvollen Bilder des kollektiven Unbewußten einordnen zu können, brauchen Sie kein Wörterbuch des Geheimnisvollen, sondern lediglich Verständnis, Einsicht und Intuition. Denn nichts von dem, was in unseren Träumen auftaucht, kommt aus einer fremden Welt. Alles existiert in uns in Form bestimmter Programme, nur werden einige dieser Speichereinheiten häufiger abgerufen als andere. Wenn Sie nun an den Punkt Ihrer sprachlichen Auseinandersetzung Ihres Traumbildes gekommen sind, an dem Sie konkret nicht mehr weiterkommen, muß Ihre Frage lauten:
Welche Bedeutung hat dieses bestimmte Bild für mich? (Zu Ihrer Unterstützung finden Sie im letzten Teil des Buches eine ganze Reihe von Deutungshinweisen, die Sie als Ausgangsposition nehmen können.) Und das bedeutet wiederum Nachdenken. Sie können nicht erwarten, daß Sie auf Anhieb wissen, welches tiefschlummernde Bedeutungsgefüge Sie an die Oberfläche holen können. Lassen Sie sich hierbei Zeit, helfen Sie sich mit der freien Assoziation. Damit mobilisieren Sie Ihre Speicherprogramme.
Das Ergebnis dieser Mühe lohnt sich, denn Sie werden

nicht nur mit Ihrem augenblicklich aktuellen oder belastenden Problem konfrontiert, sondern auch mit seiner — wenn auch nicht immer angenehmen — tieferen Bedeutung für Ihr eigenes Leben, und das heißt letztlich, für Ihre eigene Entwicklung. Es reicht nicht immer zur Bewältigung, lediglich das Problem oder den Konflikt mit einer griffigen Formulierung zu fassen. Erst das Verständnis der auslösenden Ursache, der dadurch nachvollziehbaren Notwendigkeit der Konfliktentstehung, hilft Ihnen, den übergeordneten Sinnzusammenhang für Ihre Person zu finden und zu akzeptieren.

All dies spielt sich nun nicht auf irgendeiner entfernten, abstrakten Ebene ab, sondern in Ihrem mehr oder weniger grauen und eintönigen Alltag und im Rahmen mitmenschlicher Beziehungen. Und je nachdem, auf welcher speziellen Ebene Sie gerade einen Konflikt entwickeln, wird sich im Traumbild auch diese Ebene verdeutlichen. Das heißt, das jeweilige Traumbild will Ihnen begreiflich machen, daß Sie über dieses oder jenes noch einmal gründlich nachdenken sollten, um nicht einen ungelösten Konflikt ständig mit sich herumtragen zu müssen.

Zur Zeit werden in verstärktem Maß Vorstellungen entwickelt, die auf der Grundlage der klassischen Psychosomatik basieren. All diesen Theorien und Konstruktionen liegt eine gemeinsame Absicht zugrunde: herauszufinden, weshalb ein bestimmter Mensch vorzugsweise an einer bestimmten Krankheit leidet. Weshalb also der eine »sein Rheuma« hat, und der andere möglicherweise »seine Magenbeschwerden«. Welche Rolle die Träume bei der Entstehung solcher Krankheitsbilder spielen, werden wir in einem späteren Kapitel noch aufzuspüren versuchen. Gerade an dieser Stelle sei noch einmal mit allem Nachdruck darauf hingewiesen, daß unser »Traumvolk«, die malayischen Senoi, so gut wie keine Krankheiten kennen.

In unseren westlichen Zivilisationen hat sich in den letzten Jahrhunderten eine merkwürdige Einstellung gegenüber Gesundheit und Krankheit eingeschlichen: Wir gehen einfach davon aus, daß ein Mensch krank zu sein hat. Wir unterstellen unserem Organismus, diesem Wunderwerk an Präzision, daß seine Bestandteile, also unsere Körperorgane, gar nicht das Recht haben, gesund zu bleiben – um es einmal überspitzt zu formulieren.

Vielleicht liegt eine wesentliche Ursache für das rapide Zunehmen chronischer Erkrankungen tatsächlich in unserem zu oberflächlichen Umgang mit dem, was wir Seele nennen. Geben Sie also Ihrer Seele, und das heißt ja, sich selbst, die längst überfällige Chance, sich zu offenbaren. Nehmen Sie ihre Träume ernst, denn sie sind Offenbarungen Ihrer Seele.

Der Traum von der Sexualität

Ob es tatsächlich eine menschliche Regung gibt, die nicht in einer noch geheimnisvollen Weise mit dem Sexualtrieb zusammenhängt, ist eine Frage, die ganze Generationen von Psychologen beschäftigt hat. In der Tat ist unser Alltag so durchsexualisiert, daß wir dies häufig kaum noch wahrnehmen, so subtil sind die Formen und Masken, die dieser Trieb annimmt und benutzt. Die nach wie vor diskutable Theorie, der Sexualtrieb sei der wichtigste überhaupt, kann zur Untermauerung schwere Geschütze auffahren: Ohne Sexualität keine Fortpflanzung, ohne Fortpflanzung keine Arterhaltung, ohne Arterhaltung kein Menschenleben. Das unglaubliche Raffinement, mit dem dieser Trieb arbeitet, erfordert höchste Bewunderung und tiefen Respekt.
Von frühester Jugend an können wir sexuelle Gefühle entwickeln und sie – altersgemäß – in lustbringende Handlungen umsetzen. Dieser Prozeß ist ungeheuer wichtig, weil er sozusagen die einzelnen Entwicklungsstufen bis hin zur sogenannten reifen Sexualität garantiert – wenn es da nicht den moralischen Maßstab gäbe, der immer wieder eine solche sinnvolle Entwicklung aufhält, bremst, blokkiert.
Das kleine Kind, das an seinen Genitalien spielt und dabei Lust empfindet, folgt einer inneren Entwicklungsnotwendigkeit. Es hat keinerlei moralische Vorstellungen, sondern folgt ganz einfach dem, was als natürliche Moral bezeichnet werden kann. Wie nachhaltig gefährlich ein – wenn auch unbeabsichtigter oder gar pädagogisch gut gemeinter – Eingriff in diesen Lernvorgang ist, möchte ich an einem einfachen Beispiel erläutern:

Stellen Sie sich vor, Ihr Kind lernt schreiben. Dabei muß es jeden einzelnen Buchstaben des Alphabets solange üben, bis es mit ihm keine Schwierigkeiten mehr hat und einzelne Buchstaben zu sinnvollen Wörtern und diese zu sinnvollen Sätzen zusammensetzen kann. Dieses Ziel muß, als Grundlage für menschliche Kommunikation überhaupt, erreicht werden.

Nun haben Sie selbst zu einigen dieser Buchstaben, die Ihr Kind lernt, ein gebrochenes Verhältnis: Sie mögen sie nicht, sie sind Ihnen aus irgendeinem Grunde unangenehm, und es wäre Ihnen lieb, es gäbe jene Buchstaben überhaupt nicht. Diese Einstellung möchten Sie nun, einer inneren Stimme gehorchend, auch auf Ihr Kind übertragen. Also werden Sie jedesmal, wenn Ihr Kind einen dieser Buchstaben schreibt, ihm klarmachen, daß ein solcher Buchstaben nicht gut sei. Das heißt mit anderen Worten: Sie unterbrechen eine normale Entwicklung – aus persönlichen, individuellen Gründen. Das Ergebnis dieses Vorgangs wird so aussehen, daß Ihr Kind nicht alle erforderlichen Buchstaben hinderungsfrei erlernen konnte, sondern lediglich einen Teil davon. Es weiß aber, daß das vollständige Alphabet aus mehr Buchstaben besteht. Also wird es den fehlenden Buchstaben gegenüber eine blockierte Einstellung entwickeln und gleichzeitig Mechanismen finden müssen, die ihm erlauben, ohne die fehlenden Buchstaben zurechtzukommen.

Können Sie sich vorstellen, daß das funktioniert?

Irgendwann soll Ihr Kind einen Brief schreiben. In diesem Brief werden aber wichtige Informationen (Buchstaben) fehlen, die der Empfänger sich mühsam zusammensuchen muß.

Ein ungehindertes, freies Miteinander ist nicht möglich, stets tauchen in ganz bestimmten Situationen Sperren, Blockaden auf.

Bei der sexuellen Entwicklung der meisten Menschen verhält es sich nun so wie in unserem Beispiel: Notwendige, normale Entwicklungsphasen sind unterbrochen, zielorientierte Erfahrungen fehlen. Der eigene Körper wird lückenhaft empfunden, der Genitalbereich wird nach außen schamhaft verschwiegen, er darf nur zu fest umrissenen Zeiten eine Funktion übernehmen. Über die Folgen einer solchen katastrophalen Entwicklung sollten Sie sich einmal Ihre eigenen Gedanken machen, ganze Generationen haben die Wirkung dieser Erziehung verspürt und unter ihr gelitten.

Kein Wunder also, daß im Traum die Sexualität immer wieder versucht, sich bemerkbar zu machen. Sie zieht alle Register, um Notsignale zu setzen. Und je schwieriger es ist, konkrete Sexualwünsche im Alltag durchzusetzen, desto häufiger tauchen sie in unseren Traumbildern auf. Dabei ist ihnen jede Verkleidung, jede Maskerade recht. Unsere Sexualwünsche hoffen, daß wir ihre wahre Bedeutung schon durchschauen und vielleicht doch realisieren. Bei der Suche nach Verkleidungsmöglichkeiten kommt unseren Sexualwünschen wieder die Sprache zu Hilfe: Sie halten Ausschau nach Entsprechungen in unserem Zentralspeicher. Hier suchen sie dann begriffliche Ähnlichkeiten, Bedeutungsüberlagerungen, an die sie sich hängen können. Ein Beispiel soll dies verdeutlichen: Kein Forscher, kein Traumdeuter ist an dieser Eigenart des nächtlichen Träumens vorbeigekommen: Sexuelle Wünsche stellen sich durch Symbole dar, sie entziehen sich in den meisten Fällen dem direkten Zugriff. Erst über den Weg der intensiven Beschäftigung mit dem jeweiligen Symbol gelingt es, seine eigentliche Bedeutung, seine tatsächliche Botschaft zu entschlüsseln und dadurch verwendbar zu machen.

Dieser Weg nun, zum eigentlichen Traumkern vorzudringen, ist mit unvorhersehbaren Schwierigkeiten gepflastert:

In einem Fall taucht ein bestimmtes Symbol auf und meint letztlich etwas anderes, in einem anderen Fall hingegen hat dieses selbe Symbol eine andere Bedeutung. Warum das so ist, kann jeweils nur im Einzelfall analysiert werden. Glücklicherweise gibt es noch keinen Normtraum, an dem gewisse Regelmäßigkeiten gemessen werden könnten. Deshalb hat gerade die Frage nach dem Symbolgehalt und seiner Entstehung ja immer wieder die Wissenschaftler fasziniert und herausgefordert. Neben den mittlerweile klassischen Theorien Freuds, Adlers und Jungs, in der heutigen Zeit Perls, haben immer noch andere bestanden.
Eine hochinteressante Theorie tauchte etwa im Jahre 1912 auf. Dr. Hans Sperber vertrat die Meinung, daß sämtliche Urworte ursprünglich ausschließlich sexuelle Dinge bezeichneten. Diese ursprüngliche Bedeutung sei dann im Lauf der weiteren Entwicklung verlorengegangen, hätte sich auf andere Bereiche verschoben, die eine erkennbare Ähnlichkeit mit den eigentlich gemeinten sexuellen Dingen aufwiesen.
So ist beispielsweise zu erklären, weshalb ein Pfahl, ein Mast, eine Fahnenstange, ein Gewehr, den Phallus symbolisch vertreten, während eine Höhle, eine Tür oder ein Tor ihre symbolische Entsprechung in der Vagina finden. Möglicherweise liegt in der Theorie von Dr. Sperber auch eine Erklärung für den fatalen Umstand, daß es in unserer Normalsprache keine normalen Bezeichnungen für Sexuelles gibt: Entweder sind Sie gezwungen, eine unterkühlte, akademisch-medizinische Fachsprache zu verwenden, oder Sie begeben sich in den Augen Ihrer Umwelt in die sprachliche Gosse.
Bei allen Erörterungen und detaillierten Beschreibungen haben wir bislang einen interessanten Punkt der Traumdeutung bewußt ausgeklammert. Gemeint ist – aus der Perspektive des Traumgeschehens – die Tatsache, daß der

Schlaf als solcher garantiert, daß sexuelle Wunscherfüllungen nicht gestört werden. Das ist von eminenter Bedeutung, weil mit Sicherheit durch diese Schutzfunktion viele sexuelle Wünsche tatsächlich im Traum erfüllt werden und somit im Alltag weniger Belastungen auftreten. Die sogenannten Pollutionsträume pubertierender Jugendlicher sind ein Beweis hierfür. Aber auch als Erwachsener können Sie diese Vorstellung mit Hilfe der Tagtraum-Technik überprüfen. Hinter dieser etwas kühlen Bezeichnung verbirgt sich ein Vorgang, den Sie aus eigener Erfahrung kennen: Wenn Sie sonntags nach dem Essen das berühmte Nickerchen machen, entspannt im Sessel sitzen und scheinbar schlafen, geschieht etwas Sonderbares: Sie registrieren sämtliche Geräusche und Unterhaltungen Ihrer Umwelt, haben also das Gefühl, gar nicht so weit weg zu sein von den anderen. Aber Ihr Gehirn produziert während dieser Zeit die sogenannten Alpha-Wellen, und in diesem Zustand ist die Vorstellungskraft stark angeregt. Sie träumen derart plastisch, daß Sie wirklich glauben, in der gerade geträumten Situation ganz konkret und tatsächlich zu sein.
Sicherlich haben Sie Ihre ganz persönlichen Erfahrungen mit diesen Tagträumen gemacht und wissen, daß Sie in diesem Zustand schon oft die Lösung eines bestimmten Problems »gesehen« haben. Nur – sobald Sie dann wieder wach wurden, war alles weg, schlagartig. Und dabei hatten Sie sich während des Tagtraums noch vorgenommen, die Traumergebnisse sofort aufzuschreiben oder jemandem mitzuteilen. Nebenbei ist es lediglich eine Frage der Technik, Problemlösungen, die im »Alpha-Zustand« auftauchen, in die Wirklichkeit des Alltags zu übertragen. Diese Technik ist erlernbar, wie Bibi Johns, schwedische Künstlerin mit Wohnsitz in München beweist. Bibi Johns malt surrealistische Bilder mit beeindruckenden Aussagen. In

einem Gespräch sagte sie mir, wie sie zu den Ideen ihrer phantastischen Bilder kommt. »Die Ideen der Bilder kommen im Halbschlaf, in einer Art Dämmerzustand kurz vor dem wirklichen Abgleiten in den Tiefschlaf. Und diese Ideen kann ich behalten, obwohl doch oft vieles weggeht. Aber ich denke in dem Augenblick so intensiv daran, denke mir aus, wie ich es male, welches Format ich brauche, welche Farben. Dann sehe ich das fertige Bild vor mir und weiß am nächsten Tag ganz genau, wie ich beginnen muß.«

Nun brauchen Sie ja nicht gleich Bilder malen zu wollen, wenn Sie sich zu folgendem Experiment entschließen: Setzen Sie sich entspannt und bequem hin, weder die Füße noch die Hände dürfen sich berühren, der Körper bleibt »offen«. Nun schalten Sie ab, das geht ganz einfach, wenn Sie einen kleinen Atemtrick anwenden: Beim Einatmen denken Sie »Gutes rein«, beim Ausatmen: »Schlechtes raus«. Sie werden überrascht sein, wie das wirkt. Bereits nach wenigen Minuten sind Sie ausgesprochen gelöst und entspannt. Wichtig ist lediglich, daß Sie in einem ausgeglichenen, gleichmäßigen Rhythmus atmen. Wenn Sie nun die Stufe des wohligen Entspanntseins erreicht haben, stellen Sie sich eine sexuelle Situation vor, die in irgendeiner Weise für Sie problembehaftet ist (gewisse Praktiken, tabuisierte Partner, verbotene Wünsche usw.). Lassen Sie sich viel Zeit dabei, stellen Sie sich einfach vor, Sie seien ein Regisseur, der ein Bühnenbild entwerfen und die dazugehörigen Schauspieler auswählen müßte. Übergehen Sie kein Detail, auch wenn es Ihnen unwichtig scheint. Lassen Sie sämtliche Empfindungen, die jetzt auftauchen, ganz frei und ungehemmt fließen, akzeptieren Sie jede körperliche Reaktion, ohne sich jedoch dabei manuell zu stimulieren. Alles muß im Bereich Ihrer Imagination bleiben! Sobald das Bühnenbild fertig ist, entwickelt es eine eigene

Dynamik. Greifen Sie nicht ein, weil Ihnen bestimmte Handlungsabläufe unangenehm sind. Mit diesem Experiment stellen Sie einen intensiven Kontakt zu Ihrem Zentralspeicher her. Und der ruft nach und nach sämtliche Unter- und Nebenprogramme ab, die in irgendeiner Weise mit dem von Ihnen bewußt geschaffenen Kernproblem zu tun haben. Jeder gesteuerte Eingriff bei diesem Vorgang käme einer Programmstörung gleich und würde sich hemmend auswirken: Sie würden nichts erreichen!
Überlassen Sie sich also für die Zeit des Experimentes Ihrem Zentralspeicher. Dadurch haben Sie die Möglichkeit, wenigstens für einige Minuten einmal sehr tief liegende Informationsschichten Ihres Selbst betrachten zu können.
Möglicherweise sind Sie verwirrt, was da so alles aufsteigt. Aber das sind Sie selbst, Ihre ureigensten Gedanken, Triebe, Sehnsüchte, Hoffnungen, Ängste und Erwartungen, mit denen Sie in diesem Zustand konfrontiert werden.
Und nun geschieht etwas Ungewöhnliches. Wenn Sie das Experiment bis hierher nach den Anweisungen angelegt haben, tauchen Lösungen auf, daß heißt, Ihr Kernproblem im Sexuellen erfährt seine Lösung. Und diese Lösung kann nur zustande kommen, weil Sie Ihrem Zentralspeicher die Gelegenheit gegeben haben, sämtliche gespeicherten Informationen zur Lösung Ihres Problems einzusetzen. Kein fremder Wille, keine künstlich geschaffene Moral hat da eingegriffen.
Und genau an diesem Punkt des Experimentes wissen Sie, was Sie tun müssen, um Ihr Problem, entsprechend Ihrer Individualität, zu lösen. Jetzt werden die Handlungsansätze angeboten, und es liegt an Ihnen, sie zu verwirklichen.
Der zweite Teil des Experimentes ist eine Umkehrung des bisherigen Weges. Ihre Aufgabe besteht jetzt darin, das

gleiche Bühnenbild, die gleichen Darsteller so zu verfremden, daß sie auf den ersten Blick nicht mehr wiedererkennbar sind. Lassen Sie Ihrer Phantasie dabei völlig freien Lauf, überlassen Sie alles Ihrem Zentralspeicher. Wie sieht nun Ihr Ergebnis, Ihr Bühnenbild aus? Erkennen Sie das Kernproblem wieder? Mit Sicherheit nicht. Denn Sie haben Ihr ursprüngliches Bühnenbild verkleidet, haben es symbolisiert.

Ohne komplizierte Theorien darzustellen, haben Sie durch ein einfaches Experiment nachvollziehen können, wie ein Symbol entsteht. Symbol, dieses Wort stammt aus dem Griechischen und heißt in der Übertragung »Zusammenwerfen«. Alles, was auch nur im Entferntesten mit einer Vagina oder einem Phallus zu tun hat, wird »zusammengeworfen« und ergibt als Ergebnis das Symbol.

Dieses Verfahren funktioniert nicht nur bei bekannten, konkreten Gegenständen, sondern in viel umfassenderem Sinn bei der gedanklichen Einbeziehung dessen, was wir die namenlose Wirklichkeit genannt haben. Die Symbole sind der einzige Zugang für uns Menschen zu diesem Bereich, den wir wegen seiner Komplexität und uns nicht bekannten Struktur sprachlich nicht eindeutig umsetzen können.

Fast sieht es nun so aus, als bestünde die wesentliche Technik der Traumdeutung darin, Symbole zu entwirren und die gefundenen Bedeutungen einfach in den Alltag zu übertragen. Aber so einfach ist der Umgang mit dem Traumgeschehen denn doch nicht.

Wenn Sie beispielsweise ein bekanntes Symbol in einem Ihrer Träume entdecken und bei dem Versuch, es in Ihren Alltag zu projizieren, unzufrieden sind, weil es dort einfach nicht paßt, ist das lediglich der Beweis dafür, daß Symbole nicht grundsätzlich übertragbar sind. Jeder von uns schafft ständig seine eigene Symbolik zu einem bereits bestehenden Symbol.

Es hängt ganz von Ihrem Zentralspeicher und seiner Entstehung ab, ob die von Freud häufig zitierte Handtasche für Sie ein Symbol der Vagina und ob ein Rammbock tatsächlich ein Phallus-Symbol ist. Die Handtasche kann für Sie genau so gut ein Symbol für Geldprobleme und der Rammbock ein Symbol für Angst sein. Es kommt darauf an, unter welchen Umständen Sie Ihr erstes, prägendes Erlebnis mit diesen Gegenständen hatten.

Ich habe diese Beispiele bewußt gewählt, weil sie zu den klassischen Sexualsymbolen gehören und ständig kritiklos in dieser Richtung für die Traumarbeit übernommen werden. Sicherlich liegt es nahe, die Freud'sche Symbolik zu akzeptieren, aber dies darf nicht auf Kosten einer persönlich gewachsenen Symbolik geschehen.

Das häufigste Problem, das einen Mann in die Praxis eines Psychotherapeuten führt, ist das der Impotenz. Sie hängt wie ein Damoklesschwert über dem Haupt eines Mannes, sobald er die stürmischen, unbekümmerten Jugendjahre hinter sich hat. Die Angst, sexuell zu versagen, zählt nach wie vor zu den zentralen Problemen im Leben eines Mannes. Potenz wird mit Macht gleichgesetzt. Ein gefährlicher Irrtum.

Nun ist es aber gerade die Impotenz, zu deren Ursachenfindung sich der Schlaf und hier ganz besonders die Traum-(REM) Phasen anbieten. Das Stichwort heißt Phallographie. Sie bietet die Möglichkeit, einsetzende Erektionen während des Schlafes zu messen. Ein Fachmann auf diesem Gebiet ist der Wissenschaftler Dr. Uros J. Jovanović. Er betreibt in Würzburg ein international anerkanntes Institut für Chronomedizin und hat sich im Rahmen der Entwicklung eines Potenzpräparates eingehend mit der Phallographie beschäftigt.

Bei einem männlichen Schläfer stellen sich während jeder REM-Phase starke Erektionen ein. Wie sieht nun aber das

Phallogramm eines, sagen wir, verheirateten Mannes aus, der sich wegen Impotenz in Behandlung begeben hat?
In mehr als 90 Prozent aller Fälle zeigt das Phallogramm keine Auffälligkeiten. Die Erektionen stellen sich prompt und mit der entsprechenden Stärke ein, also von Impotenz keine Spur. Und doch wird dieser Patient seinen Therapeuten nachdrücklich darauf hinweisen, tatsächlich impotent zu sein und daß die Ursache hierfür nicht im Seelischen, sondern im Körperlichen liege.
Die klinische Schlafforschung hat bewiesen, daß es einen Zusammenhang zwischen physischen Faktoren und Traumbildern gibt. Wenn der Patient also während einer REM-Phase normal erigiert, wird dieser Zustand über die entsprechenden Nervenbahnen ja auch in seinen Zentralspeicher übermittelt. Ein konkretes Traumbeispiel verdeutlicht die Situation hinlänglich:
»Ich träume, daß ich mit meiner Frau durch einen Park gehe, in dem viele Liebespaare engumschlungen auf den Wiesen liegen. Ich bemerke, daß meine Frau von vielen Männern herausfordernd angesehen wird, dabei machen sie obszöne Bewegungen. Im gleichen Augenblick versteift sich mein Penis. Ich nehme meine Hand und versuche, ihn vor den Blicken der anderen zu verbergen. Aber er verwandelt sich in ein Gewehr. Ich reiße es hoch, lege den Finger auf den Abzugshahn und will abdrücken. Meine Frau ruft mir zu, schieß' hierhin, aber ich kann nicht, denn aus meinem Gewehr wird plötzlich mein aufgeschlagenes Gebetbuch, Seite 86.«
Dieses Traumszenarium ist so plastisch, daß die Deutung nicht schwerfällt: Der Mann sieht seine Frau als begehrenswertes Sexualobjekt, mit der er auch gerne schlafen möchte. Aber durch seine puritanische Erziehung ist ihm der Zugang zum Koitus verwehrt. Im Augenblick der Penetration, zu der seine Frau ihn ermuntert (»schieß'

hierhin»), transformiert sein Zentralspeicher den zur Aktion bereiten Penis (Gewehr) in ein Gebetbuch, das dem Träumer gehört. Und auf der Seite 86 steht der entscheidende Satz: Du sollst nichts Unkeusches tun!
Nebenbei zeigt dieser Traum, wie ein ursprünglich unverfänglicher Gegenstand (Gebetbuch) sich zu einem markanten Sexualsymbol entwickeln kann.
Interessanterweise geht der Mann aus unserem Traumbeispiel aber schon seit Jahren nicht mehr in die Kirche. Ihm ist in keiner Weise das prägende Ergebnis seiner Erziehung mehr bewußt. Erst in dem Augenblick, als er sich auf Wunsch seines Therapeuten wieder mit dem Gebetbuch beschäftigte, kamen ihm die Zusammenhänge in voller Schärfe zum Bewußtsein. Unter der sachkundigen Anleitung des Therapeuten lernte er, seine Sexualität zu akzeptieren. Aber dies war nur möglich, weil dieser betreffende Therapeut das Problem seines Klienten nicht nur mit den Mitteln des Alltags lösen wollte, sondern mit den viel stärker wirkenden Signalen während der Nacht.
Wir sprachen bereits von der biologischen Funktion der Sexualität, von der Notwendigkeit der Arterhaltung. Wir erwähnten auch, daß diesem Trieb jedes Mittel recht ist, ja recht sein muß, um zu garantieren, daß die Evolution des Menschen nicht ins Stocken gerät.
Eine zusätzliche Deutungsperspektive erfährt die Sexualität durch einen Grundgedanken C. G. Jungs. Für ihn erlebt der Mensch als Individuum in der Sexualität die Einheit zwischen der sterblichen Körperlichkeit und dem namenlosen Wirklichen. Die Verbindung also vom Jetzt und Hier zur Ewigkeit.
Diese beiden Aspekte akzentuieren in auffälliger Weise den grundsätzlichen Stellenwert der Sexualität insgesamt. Sie dient nicht nur der biologischen Arterhaltung, sondern garantiert durch ihre totale Durchdringung des menschli-

chen Lebens, daß niemand von uns den Kontakt, die Verbindung zum Urgrund allen Seins, zur Ewigkeit, je verliert. Dies geschieht auf eine so subtile Art, daß vielen Menschen dieses Wirkungsgefüge nicht bewußt wird. Um so weniger, als wir in unseren Zivilisationen den unbewußten Teil unserer Persönlichkeit, der sich in der Traumwelt, hinter der leider oft verschlossenen Traumtür, offenbart, konsequent und rigoros abdrängen. Hier liegt natürlich Zündstoff für massive Konflikte. Da die einzelnen Traumereignisse sich konkret innerhalb unseres Zentralspeichers abspielen und nicht irgendwo außerhalb von uns, registriert unsere Zentraleinheit zunächst ganz nüchtern: Botschaft nicht angekommen. Also müssen Kanäle geschaffen werden, durch die die tiefliegende sexuelle Problematik in wirksamer Form an die Oberfläche des Bewußtseins geleitet werden kann. Sie können sicher sein, daß dies auch geschieht. Der sexuelle Trieb scheut keine Verkleidung, keine Maskerade. Das Wirkprinzip ist dabei ganz einfach: Lust wird an Problemlösung gekoppelt. Nehmen wir an, Sie möchten, daß Ihre Partnerin oder Ihr Partner eine bestimmte Aufgabe übernehmen soll, gegen die gewisse Widerstände bestehen. Um sicher zu sein, daß die Aufgabe übernommen wird, koppeln Sie ganz einfach ein intensives Lustgefühl daran. Je näher dieses Gefühl im Umfeld von Orgasmus oder erotischen Vorstufen davon angesiedelt ist, desto höher ist die Wahrscheinlichkeit, daß Ihr Plan tatsächlich gelingt. Dieser Mechanismus wirkt ständig in Ihnen. Überprüfen Sie einmal aus dieser Perspektive, welche Alltagsbereiche in Ihrem Leben bereits »durchsexualisiert« sind, das Ergebnis wird Sie in Erstaunen versetzen. Wenn Sie nun schrittweise beginnen, Ihre ganz persönliche Traumtür mit dem richtigen Schlüssel zu öffnen, um den dahinter liegenden, bislang abgedrängten Teil Ihrer Gesamtpersönlichkeit in Ihr bewußtes Leben einzubeziehen, können Sie das folgende Schema für dieses Vorhaben übernehmen:

Wichtige Träume melden sich, entweder gleich nach dem Erwachen oder irgendwann im Laufe des Tages, wenn im Alltagsgeschehen ein Gegenstand, eine Gebärde, eine Farbe oder sonst irgend etwas eine Ähnlichkeit zum Traumgeschehen besitzt. Stellen Sie sich auf diese plötzlich auftauchenden Bilder oder Empfindungen ein, halten Sie sie sofort schriftlich fest!
Es ist ganz normal, daß sich nicht sämtliche Träume einer Nacht wieder melden. Denn, um bei dem Bild des Zentralspeichers zu bleiben, viele Träume haben lediglich die Funktion der »sachlichen« Überprüfung und Abgleichung zu dienen und somit die Registratur darzustellen.
Notieren Sie zunächst sämtliche Empfindungen, die in Ihnen im Zusammenhang mit einem Traumereignis hochgespült werden. Prüfen Sie diese Empfindungen nicht auf logische Einfügbarkeit. Ist dann Ihr noch ungeordneter Traumbericht komplett, strukturieren Sie ihn: Gliedern Sie die einzelnen Bestandteile in Substantive, Verben und Adjektive und Adverbien. Schon der Vergleich, wie diese Sparten sich vom Umfang her unterscheiden, läßt bereits eine begreifbare Aussage zu, Sie sehen wo das Kernproblem Ihres Traumes liegt.
Setzen Sie sich nun mit den einzelnen Worten auseinander, benutzen Sie hierzu die freie Assoziation.
In der ersten Zeit, in der Sie sich ja noch mit den Grundschritten vertraut machen wollen, ist es angebracht, wirklich *sämtliche* Ergebnisse schriftlich festzuhalten oder auf ein Bandgerät zu diktieren.

Das beschriebene Traumbeispiel des Patienten, der sich wegen Impotenz behandeln läßt, eignet sich besonders gut zur ersten Übung. Bauen Sie nach der angeführten Regel die verschiedenen Wortfelder und Sparten auf. Sie werden feststellen, wie griffig diese Methode sich handhaben läßt und mit wie wenig Grundfaktoren Sie bereits eine aussagekräftige Interpretation erstellen können.

Bislang haben wir uns fast ausschließlich mit der Funktion der Träume beschäftigt, die in ganz spezieller Weise mit der Vergangenheit eines Menschen verknüpft sind.

Dabei haben wir die erstaunliche Feststellung getroffen, daß im Traumereignis keinerlei uns bekannte, logische Grenzen mehr existieren, ja nicht mehr notwendig sind. Wir haben erfahren, daß unsere übliche Vorstellung (nach physikalischen Gesichtspunkten) von Raum und Zeit nicht mehr greifen kann, daß die festgefügten Gesetze menschlicher Logik auflösbar sind. Dies gilt insbesondere für die chronologische Gesetzmäßigkeit: Der gewaltige Apparat unseres persönlichen Zentralspeichers steht für die dramaturgische Einrichtung des Traumszenariums, für die Ausgestaltung der Traumlandschaft uneingeschränkt und gleichzeitig zur Verfügung. Der unsichtbare Regisseur – unser Selbst – kann buchstäblich aus dem Vollen schöpfen, wenn es gilt, zur Verdeutlichung eines bestimmten Problems die jeweils erforderlichen Dekorationen auf der Bühne des Traumgeschehens zu postieren. Diese Bühnendekoration entsteht nun nicht wahllos oder willkürlich. Denn die Traumdramaturgie ergibt sich zwingend aus dem zugrunde liegenden Problem. Und dazu werden aus den Nebenspeichern, aus den astronomisch zahlreichen Verknüpfungsprogrammen die Informationen abgerufen, die zur Lösung oder Erkennung des bestimmten Problems den größten Wiedererkennungswert tragen, nach dem Motto: Daran muß er (der Träumer) sich doch erinnern!

Wir können jedoch nur das begreifen, was regelhaft ist. Das heißt, es muß wenigstens in Ansätzen erkennbar eine

Gesetzmäßigkeit vorliegen, denn unser Verstand begreift nur Zusammenhängendes. Wir haben gesehen, daß die Traumlandschaft nicht von uns bekannten Markierungspunkten strukturiert ist. Wir haben aber auch gesehen, daß die Traumlandschaft nach einer eigenen Gesetzmäßigkeit zwingend entsteht.
Da stehen wir vor einem ziemlich schwierigen Problem: Läßt die Natur zwei unterschiedliche Gesetzmäßigkeiten zu? Ist es überhaupt möglich, daß in unserem geschlossenen Kosmos sich eigentlich aufhebende Prinzipien wirksam werden, nämlich das der Ordnung unseres alltäglichen Denkens und das der Ordnung unserer Traumlandschaft? Ich möchte das verdeutlichen. Nehmen Sie eine beliebige Münze in die Hand. Was sehen Sie? Die Antwort ist einfach: entweder die Vorder- oder die Rückseite der Münze. Das hängt davon ab, wie Sie diese Münze nehmen. Wenn Sie jetzt lediglich eine Seite sehen, bedeutet das aber nicht, daß die andere Seite nicht mehr vorhanden ist, sie ist nur aus Ihrem Blickfeld verschwunden. Wenn Sie nun die Rückseite der Münze vor sich haben, können Sie keine verbindliche Aussage über ihren Wert machen, der steht auf der Vorderseite. Aber erst beide Seiten zusammen ergeben ein Ganzes: die Münze. Das diesem Problem zugrunde liegende Phänomen – der Dualismus – läßt sich durchgängig, in allen Lebensbereichen, feststellen. Und weil es so normal ist, sind wir uns dieses Prinzips nicht mehr bewußt. Aus der erlebten Erfahrung wissen wir beispielsweise, daß es auf unserem Planeten nicht ständig dunkel ist. Wir wissen aber auch, daß es nicht ständig hell ist. Wir wissen, daß wir nicht pausenlos schlafen, sondern auch wach sind. Und erst – wie bereits erwähnt – aus der Summe der beiden Zustände können wir insgesamt eine verbindliche Aussage ableiten: Zustand X ist nur möglich, weil Zustand Y möglich ist.

Übertragen wir nun diese Erkenntnis auf das Verhältnis Traum — Nicht-Traum, Schlaf — Nicht-Schlaf, bewußt — unbewußt. Dies ist völlig korrekt, da der Dualismus grundsätzlich durchgängig ist. Die Schlußfolgerung ist ebenso einleuchtend wie zunächst verblüffend: Erst die Summe der beiden Zustände erlaubt eine verbindliche Aussage über den totalen Menschen, sie stellen die beiden wesentlichen Facetten der einen »Urwirklichkeit« dar.

Nach dieser entscheidenden Aussage ist es leicht, die ewige Suche der Menschheit nach dieser Urwirklichkeit zu begreifen. Die Suche nach dem Paradies, nach Harmonie, nach dem Eins-Sein, findet hier ihre Wurzel: Wir begreifen eigentlich immer nur eine einzige Seite unserer Gesamtwirklichkeit. Also suchen wir das uns Fehlende, die Ergänzung, von der wir wissen, daß erst sie uns vollständig macht.

Nun leben wir in einer Zeit, in der immer mehr Menschen auf der bewußten Suche nach ihrer persönlichen Ergänzung sind. Die Fülle der einschlägigen Bücher ist der beste Beweis dafür. Hier ist nicht der Platz, das diese Suche auslösende Prinzip zu analysieren. Halten wir lediglich fest, daß uns eine qualitative Veränderung im Sinne von Erneuerung ins Haus steht und daß diese Veränderung sich beim einzelnen Menschen, vielleicht auch bei Ihnen, bereits jetzt ankündigt, durch ein sich intensivierendes Gefühl von ›Da fehlt doch etwas‹.

Konstant empfundener Mangel führt zu Konflikten und Problemen. Die Anzahl der Mitmenschen, die sich augenblicklich einer psychotherapeutischen Behandlung unterziehen, untermauert diesen Gedanken der »Mangelgesellschaft aus einseitigem Überfluß«. Betrachten wir hierzu noch das unglaublich vielfältige Angebot an »bewußtseinserweiternden« Lehrgängen, Seminaren, Workshops usw., wird die Situation noch offenkundiger. Weshalb die meisten Psychotherapien nicht zum gewünschten Erfolg führen, ist zu Beginn dieses Buches erläutert worden. Deshalb soll der eigentliche Grund dafür nur noch einmal kurz umrissen werden. Ausschließliche Konzentration auf die eine Seite des Lebens, der Urwirklichkeit, Abdrängung der anderen.

Nur die psychotherapeutischen Richtungen, die sich bemühen, auch die andere Seite der Urwirklichkeit in die Problemlösung einzubeziehen, können erfolgreich sein. Warum das so ist, beweisen die Senoi, das Traumvolk, ja in sehr beeindruckender Weise. An dieser Stelle sei ein kurzer Hinweis auf die »bewußtseinserweiternden« Veranstaltungen erlaubt. Die meisten werben bekanntermaßen mit unglaublichen Erfolgen. Aber unser Bewußtsein läßt sich nicht im Sinne einer Erweiterung verändern, sondern lediglich im Sinne einer Bewußtmachung der vorgegebenen Inhalte (Zentralspeicher). Lao-Tse hat einmal gesagt: »Ohne herumzukommen, kann man die ganze Welt kennen; ohne aus dem Fenster zu schauen, kann man die Wege des Himmels sehen. Je weiter man geht, desto weniger weiß man«.

Das ist der entscheidende Punkt. Wir haben die Welt in uns, in Form von genetischen Speicherungen. Und das einzige, das wir tun können, ist, dies schrittweise zu begreifen, zu akzeptieren und in unseren Alltag zu übertragen. Wenn in den erwähnten Veranstaltungen keine Traumarbeit geleistet wird, denkt und arbeitet die betreffende Gruppe am wesentlichen Ziel vorbei. Denn nur in unseren Träumen haben wir ja die Möglichkeit, die andere Seite unserer Persönlichkeit, den Anteil an der Urwirklichkeit zu erfassen.

Dieser Gedanke ist der Schlüssel zum tieferen Verständnis der Funktion des Traumes schlechthin. Der Titel dieses Buches »Die Traumtür« versinnbildlicht diesen Gedanken.

Wir sind uns der Existenz einer Tür in unseren Persönlichkeitstiefen durchaus bewußt. Wir ahnen auch, daß sich hinter dieser Tür etwas Wesentliches – noch – verbirgt. Aber der Schlüssel zu dieser Tür ist uns abhanden gekommen. Wir suchen ihn ständig – nicht nur da, wo er zu finden ist: in uns selbst. Und so irren die meisten Menschen Zeit ihres Lebens umher, ständig auf der Suche nach etwas, was in vielen Fällen nicht einmal definiert werden kann. Im günstigsten Fall ist es das bereits beschriebene Gefühl von Mangel an irgend etwas.

Daß dieser Mangel aber aufgehoben werden kann, daß auch in diesem Leben eine wesentliche, entscheidende Annäherung an Harmonie möglich ist, beweist das Traumvolk, beweisen die Senoi. Wenn Sie bereit sind, dies zu akzeptieren, sich also auf den gezielten Weg zu sich selbst machen möchten, müssen Sie sich grundsätzlich für die Einbeziehung Ihrer Träume in Ihr »normales« Leben entscheiden.

Wie Sie das in den Griff bekommen, habe ich beschrieben. Halten Sie sich an das vorgegebene Schema, wenn es darum geht, bestimmte Traumbilder aufzuschreiben.

Ich weiß aus eigener Erfahrung, daß es häufig Schwierigkeiten bereitet, die treffenden Worte zu finden. Aus diesem Grunde ist das Schema so wichtig, denn es hilft Ihnen, die (möglicherweise) auf Sie einstürmende Flut von Eindrücken, Gedanken, Stimmungen usw. so zu strukturieren, daß Sie damit umgehen können. Die Warnung vor den zahlreichen Wörterbüchern zur Traumdeutung möchte ich gerade in diesem Zusammenhang noch einmal wiederholen. Die symbolische Bedeutung eines Begriffes ist individuell festgelegt und nicht übertragbar. Sie können die Welt, also die Wirklichkeit, nur mit Ihren eigenen Augen begreifen, alles andere »gehört« Ihnen nicht. Sie können auch keine symbolische Bedeutung auf Ihre Situation übertragen, sie würde in Ihrem Zentralspeicher nicht die erforderliche Stelle finden. Deshalb habe ich ein Verzeichnis von Wortbedeutungsfeldern für Sie angelegt, aus dem Sie problemlos die Wurzel des betreffenden Begriffes, also seinen Anteil an der sprachlich gestalteten Urwirklichkeit, ersehen können. Dieses Verzeichnis der Wortbedeutungsfelder kann Ihnen die eigene Beschäftigung mit Ihren Traumbildern entscheidend erleichtern.

Bislang war ausschließlich von den Träumen die Rede, die mit dem Vergangenen zu tun haben. Aber es gibt ja auch die Träume, in denen sich bestimmte zukünftige Ereignisse zeigen. Sicherlich haben Sie selbst schon einmal einen solchen Traum gehabt und waren etwas irritiert. Wie kann ein Mensch wissen, was in der Zukunft geschehen wird?
Das Problem, das dahinter steckt, ist sehr bedeutungsvoll, denn es geht ja um nichts anderes als um die Frage, inwieweit das, was wir als Schicksal bezeichnen, vorherbestimmt ist.
Und damit sind wir ins Zentrum des gesamten Traumproblems gestoßen. Kein Geisteswissenschaftler oder Naturwissenschaftler, der sich nicht wenigstens einmal in seiner wissenschaftlichen Arbeit mit diesem faszinierenden Problem auseinandergesetzt hat, kein Theologe, der sich je dieser brennenden Frage entziehen konnte oder kann: Ist Schicksal unausweichlich, vorherbestimmt und damit auch vorherbestimmbar – oder lediglich ein zufälliges Aufeinanderstoßen zufälliger Ereignisse?

Der Traum von der Zukunft

Vor einigen Jahren befaßte ich mich intensiv mit dem Thema der »Außersinnlichen Wahrnehmungen«. Ich interviewte wohl ein Dutzend bekannter Persönlichkeiten und stellte ihnen die Frage, ob in ihrem Leben Zukunftsträume eine Rolle gespielt hätten. Und alle beantworteten meine Frage mit einem deutlichen: Ja! Ich veröffentlichte die Ergebnisse meiner Befragungen in Form einer Artikelserie und bat die Leser gleichzeitig, doch über eigene Erlebnisse ähnlicher Art zu berichten. Das Echo auf diesen Aufruf war überwältigend. Aus allen Teilen des Landes trafen Briefe ein, in denen Zukunftsträume geschildert wurden. Sie betrafen sämtliche Lebensbereiche, nicht nur die von denen ich es wegen der intensiven Situation (Krieg, Krankheit, Flucht, Bedrohung usw.) erwartet hätte.
Weiterhin war auffallend, daß die Absender sich nicht aus einer besonderen Gesellschaftsschicht rekrutierten, sondern aus allen Berufszweigen und Sozialschichten stammten. Gerade dieses Ergebnis der Briefanalyse widerlegte die häufig vertretene Auffassung, der hellseherische Träumer müsse eine auffällig geartete Struktur im Psychischen aufweisen. Mit anderen Worten: nicht jeder könne Zukünftiges träumen.
Ich fand damals keine Bestätigung für diese Annahme. Um meine Aussage, jeder Mensch könne »hellseherisch« träumen, weiter zu untermauern, plante ich eine bundesweite Aktion über die großen Tageszeitungen. Leider mußte dieses Projekt gestoppt werden, da einige Anzeigenredaktionen nicht bereit waren, meinen Aufruf zu ver-

öffentlichen. Meine Erfahrungen stützen sich also immer noch auf das Ergebnis der damaligen Arbeit.
Aus den zahlreichen Traumberichten möchte ich zwei besonders eindrucksvolle wiedergeben:
Frau A. berichtet über einen Traum, den sie während der letzten Kriegswochen hatte.
»Ich träume, daß ich an einer mir bekannten Straßenbahnhaltestelle warte. Ich betrachte die Gesichter der um mich stehenden anderen Menschen. Ein Gesicht fällt mir besonders auf. Ich habe das Gefühl, dieses Gesicht kennen zu *müssen,* kann mich aber nicht erinnern. Plötzlich schlägt wenige Meter von uns entfernt eine Bombe ein. Es gibt Tote und Verletzte, aber ich selbst stehe an einer völlig anderen Stelle, nämlich in einer großen Toreinfahrt schräg gegenüber der Haltestelle.«
Soweit die Traumschilderung.
Wenige Tage später steht Frau A. tatsächlich an dieser Straßenbahnhaltestelle. Und mit einem Mal sieht sie das Gesicht, daß ihr im Traum so bekannt vorgekommen war. Fast automatisch rennt sie über die Straße und bleibt in dem Torbogen stehen, den sie bereits im Traum gesehen hatte. Sie ist noch keine Minute da, als die Bombe wenige Meter von der Straßenbahnhaltestelle entfernt, einschlägt. Das Gesicht hat sie nie mehr in ihrem Leben gesehen, auch nicht mehr in ihren Träumen. Aber die Vision dieses Gesichtes hat ihr das Leben gerettet.

Das zweite Beispiel hat nicht den nächtlichen Traum zum Inhalt, sondern den sogenannten Tagtraum, allerdings mit ähnlichen Inhalten.
Bibi Johns, Malerin und Sängerin, berichtet:
»Ich sitze in der Straßenbahn, die sich gerade am verkehrsreichsten Knotenpunkt von Stockholm befindet. Wo ich auch hinsehe, überall nur vollgestopfte Straßen, der

Berufsverkehr fordert seinen Tribut. Und mit einem Mal geht mir folgender Gedanke durch den Kopf: Wenn jetzt ein Notwagen kommen müßte, was dann? Und in einem traumähnlichen Bild empfinde ich mich als Rettungswagen, der vorwärtskommen muß. Und ich finde einen Weg. Und nun geschah etwas Merkwürdiges. Irgendwo, tief in mir, vernahm ich den unverwechselbaren Klang einer Sirene. Ich wußte nicht, ob diese Sirene wirklich heulte oder ob ich es mir lediglich einbildete. Nach wenigen Augenblicken registrierten meine Augen das fahlblaue, zuckende Licht eines Rettungswagens. Er fuhr genau den Weg, den ich wenige Minuten vorher in Gedanken auch gefahren war.«
Soweit die beiden Beispiele.
Sicherlich haben Sie selbst in der einen oder anderen Richtung ähnlich gelagerte Erfahrungen. Was ist nun an diesen beiden Träumen so bedeutsam?
Im ersten geht es um eine eindeutige Warnung, im zweiten um die Lösung eines möglichen, ganz aktuellen Problems. Woher kommen aber die erforderlichen Informationen, von innen oder außen?
Die katholische Kirche sagt, Gott bediene sich übernatürlicher Träume, um dem Menschen etwas mitzuteilen.
Gegner dieser Theorie sagen, der Mensch bediene sich seines Selbst, um *sich* etwas mitzuteilen!
Nach allem, was wir bisher über die faszinierende Welt der Träume erfahren haben, ist die letztgenannte Aussage die wahrscheinlichste. Denn die Überzeugung der katholischen Kirche setzt zweierlei voraus: Gott und eine Übernatürlichkeit. Gerade diese Übernatürlichkeit ist es aber, die soviel Kopfzerbrechen und auch abenteuerliche Theorien produziert hat. Sie ist es auch, an der sich von jeher Naturwissenschaftler und Theologen gerieben haben, über deren Existenz oder Nicht-Existenz erbitterte Kämpfe aus-

gefochten wurden und leider auch heute noch ausgefochten werden.

Sie erinnern sich an das Beispiel der Münze: Die Vorderseite ist nur wirksam durch die gleichzeitige Akzeptierung der Rückseite. Erst beide zusammengenommen ergeben den entsprechenden Wert.

So wie mit der Münze ist es nun auch mit der Wahrheit. Sie können nicht ungestraft einen Aspekt abkoppeln und ihn zum »wahren« Inhalt machen. Die Wahrheit, die Urwirklichkeit ist nicht teilbar.

Hoimar von Dithfurth bezieht zu diesem Problem im Vorwort zu seinem jüngsten Buch *Wir sind nicht nur von dieser Welt,* eine eindeutige und überzeugende Position, wenn er schreibt:

»Was uns mit der Lehre von den ›zwei Wahrheiten‹ zugemutet wird, ist nichts weniger als ein Leben in einer geistig gespaltenen Welt. In der einen Hälfte sollen wir glauben, was wir in der anderen aus logischen Gründen zu verwerfen haben. Und angesichts der Unvollkommenheit der weltlichen Hälfte sollen wir uns an jener ganz anderen Wahrheit orientieren, die mit der Natur dieser Welt, wie uns versichert wird, nicht das geringste zu tun hat. Verantwortlich fühlen sollen wir uns für Tatbestände in einer diesseitigen, von menschlicher Vernunft bestimmten Hälfte der Welt, auf die es dennoch, wie sofort hinzugefügt wird, letzten Endes überhaupt nicht ankommt.«

Wenn die Wahrheit also nicht teilbar ist, aber als teilbar empfunden werden kann, ist dies nur möglich, weil ein Aspekt von ihr, beispielsweise die menschliche Vernunft, abgekoppelt werden konnte und zum letztgültigen Mechanismus für das Begreifen der Welt deklariert wurde. Ich möchte hier einen bereits erwähnten Gedanken noch einmal aufgreifen, weil er für das weitere Verständnis von erheblicher Bedeutung ist. Es geht um die Vernunft und

ihre Funktion in unserem Leben. Mit ihr haben wir ein Hilfsmittel an der Hand, mit dem wir uns die Welt, in der wir sind, überschaubar gestalten. Nicht mehr und nicht weniger.
Hoimar von Dithfurth zitiert in dem schon vorgestellten Buch einen französischen Denker, der vor mehr als 300 Jahren gelebt hat, Blaise Pascal. Das Zitat lautet:
»Die letzte Schlußfolgerung der Vernunft ist, daß sie einsieht, daß es eine Unzahl von Dingen gibt, die ihr Fassungsvermögen übersteigen; sie ist nur schwach, wenn sie nicht bis zu dieser Einsicht gelangt . . .«
Aber der Weg von der Vernunft zur Einsicht ist ein mühevoller, beschwerlicher. Es setzt nämlich etwas voraus, das den meisten Menschen zu schaffen macht: die Subjektivität zu überwinden, um das Selbst, den eigentlichen Kern einer Person, entstehen zu lassen.
Kehren wir zurück zu unseren beiden Traumbeipielen, in denen sich Zukünftiges zeigte, und versuchen wir, dies mit der Urwirklichkeit, der unteilbaren Wahrheit zu verbinden, um dann die Frage zu beantworten, weshalb Zukunftsträume nicht nur etwas Normales, sondern sogar etwas zwangsläufig Notwendiges sind, das jeder Mensch fördern und aktivieren kann.
In jedem einzelnen von uns steckt die Urwirklichkeit, jeder einzelne von uns ist der »Universalerbe« der bisherigen Menschheitsentwicklung. Nur ist der bewußte Anteil an dieser Urwirklichkeit unterschiedlich groß in ein Leben einbezogen. Dieses Erbe wächst nun ständig, wird größer, umfaßt bislang unbekannte Bereiche, schafft neue Verknüpfungen und überträgt sich durch die Sexualität auf einen neuen »Universalerben«, der wiederum den gleichen Entwicklungsweg zurücklegt. Ersetzen wir den Begriff Erbe durch Zentralspeicher, erkennen wir das, was damit gemeint ist, sofort wieder. Sie haben bereits erfahren, daß

dem Zentralspeicher nichts entgeht. Unermüdlich, ohne Pausen einzulegen, registriert er jedes Vorkommnis, jedes Ereignis und speichert es. Nichts kann verloren gehen, nichts verschwindet irgendwo in den Milliarden und Milliarden Nervenzellen. Alles bleibt verfügbar – wenn wir in der Lage wären, rein physiologisch, dieses Alles stets in der Erinnerung zu behalten. Daß das nicht geht, wissen Sie nur zu gut aus eigener Erfahrung. Wie oft vergißt man einfach etwas. Aber irgendwann kommt es wieder an die bewußte Oberfläche. Ein Beweis dafür, daß wirklich nichts verloren geht, was einmal in unserem Speicher steckt.
Das hat natürlich Konsequenzen, die wir im Augenblick noch gar nicht übersehen können. Und diese Konsequenzen haben etwas mit dem Zukunftstraum zu tun, wie wir gleich sehen werden. Doch vorher müssen wir wissen, was Zukunft überhaupt ist: Zukunft ist die folgerichtige Entwicklung dessen, was gegenwärtig geschieht.
Bleiben wir kurz bei diesem Gedanken, denn er ist ja die Grundlage für alle weiteren Überlegungen.
Der deutsche Philosoph Friedrich Nietzsche hat einmal sinngemäß gesagt, daß man erst dann einen Satz beginnen kann, wenn man sein Ende kennt. Dieser Satz stellt sozusagen eine Variation zum Thema Gegenwart – Zukunft dar. Aber aus beiden Gedanken wird deutlich, wie sehr diese beiden Zustände miteinander verbunden sind: Zukunft als Konsequenz oder Folge der Gegenwart, Gegenwart als Voraussetzung für die Zukunft. Die Summe alles dessen, was Sie jetzt, in diesem Augenblick tun, fühlen, denken, schafft die Voraussetzung für eine künftige Situation. Ja, man kann das noch deutlicher formulieren: Alles hängt ab vom Jetzt, von diesem Augenblick. Sie persönlich schaffen mit jedem Atemzug, jedem Wort, jeder Handlung oder jeder Empfindung Ihre Zukunft. Deshalb ist es auch sinnlos, sich über einen unbefriedigenden Zustand zu beklagen

und so zu tun, als wäre irgend jemand dafür verantwortlich. Nur Sie bestimmen Ihre Zukunft, wobei nicht vergessen werden darf, daß der Begriff Zukunft für uns eigentlich gar keine Bedeutung hat. Wir leben nicht in der Zukunft, sondern ausschließlich im Hier und Jetzt.
Und die Summe des Hier und Jetzt ist in unserem Zentralspeicher abrufbar im Sinne von Verfügbarkeit. Das heißt aber auch, daß indirekt sämtliche Konsequenzen und Folgen gespeichert sind — auch abrufbar. Und genau dies geschieht im sogenannten Zukunftstraum.
Halten wir fest: Das Visionäre ist zunächst einmal nichts anderes als der direkte Kurzschluß zum Zentralspeicher. Für wenige Augenblicke ist der intensivste Kontakt zum eigenen Selbst hergestellt, der überhaupt möglich ist. In der Vision offenbart sich die Urwirklichkeit in uns selbst, läßt uns eins sein mit uns selbst.
Wenn in den geschilderten Traumbeispielen Zukünftiges sich zeigt, reales Geschehen vorweggenommen wird, ist dies eine »Erinnerung« an Zukünftiges, das im Hier und Jetzt programmiert ist. Das Gesicht beispielsweise, von dem Frau A. geträumt und das ihr Leben gerettet hat, war ihr eigenes. Sicherlich in völlig anderer Form und Gestalt, aber sie war es selbst, die die Warnung vor der tödlichen Gefahr gebracht hat: Ihr unbewußter Anteil an der Urwirklichkeit hat sich sozusagen symbolisch verdichtet.
Und die Sängerin und Malerin Bibi Johns hatte bereits alle erforderlichen Informationen in sich, die notwendig waren, den Rettungswagen sicher durch den Berufsverkehr Stockholms zu dirigieren. Es war die einzige, konsequente Lösung des projizierten Problems.
Wenn Sie die Schriften der großen Religionen aufmerksam studieren, so finden Sie dort die visionären, prophetischen Träume in Hülle und Fülle. Ob Mohammed oder Buddha, Abraham oder Salomo, Daniel oder Samuel, Jakob oder

Joseph, sie alle hatten irgendwann »ihren« prophetischen Traum oder auch eine ganze Serie solcher Träume.
Berühmte historische Persönlichkeiten beschreiben mindestens einen Traum, der an besonders markanten Entwicklungsstufen ihres Lebens eine wie auch immer geartete Lösung anbot. Der berühmte Traum Bismarcks ist hierfür ein Beispiel:
Fürst Bismarck schrieb am 18. Dezember 1881 an den damaligen Kaiser Wilhelm I.:
»Euerer Majestät Mitteilung ermutigt mich zur Erzählung eines Traumes, den ich im Frühjahr 1863 in den schwersten Konflikttagen hatte, aus denen ein menschliches Auge keinen gangbaren Ausweg sah. Mir träumte, und ich erzählte es sofort am Morgen meiner Frau und anderen Zeugen, daß ich auf einem schmalen Alpenpfad ritt, rechts Abgrund, links Felsen; der Pfad wurde schmaler, so daß das Pferd sich weigerte, und Umkehr und Absitzen wegen Mangels an Platz unmöglich; da schlug ich mit meiner Gerte in der linken Hand gegen die glatte Felswand und rief Gott an; die Gerte wurde unendlich lang, die Felswand stürzte wie eine Coulisse und eröffnete einen breiten Weg mit dem Blick auf Hügel und Waldland wie in Böhmen; Preußische Truppen mit Fahnen, und in mir noch im Traume der Gedanke, wie ich das schleunig Euerer Majestät melden könnte. Dieser Traum erfüllte sich, und ich erwachte froh und gestärkt aus ihm.«
Bismarcks politisches Problem hatte sich, wie es so schön heißt, im Traum gelöst. Sicherlich war es damit noch nicht in der Realität gelöst, aber der Lösungsansatz – Umkehren ist zwecklos – war da und wirkte im unterstützenden Sinne auf Bismarcks Entscheidungen.
Der Volksmund spricht gern vom sechsten Sinn eines Menschen. Damit ist gemeint, daß ein Mensch in einer bestimmten Situation eine Mitteilung dieses sechsten Sin-

nes empfängt, die ihn in die Lage versetzt, die in den meisten Fällen äußerst schwierige Situation zu meistern. Dieser sechste Sinn ist nun nichts anderes als das, was ich den »direkten Kurzschluß zum Zentralspeicher« bezeichnet habe. Diese Definition erklärt auch die Tatsache, weshalb gerade gesellschaftlich prominente Persönlichkeiten (Dichter, Forscher, Ärzte) auf diesen »Kurzschluß« angewiesen sind.
Zwei Beispiele sollen dies verdeutlichen.
Der Deutsche Chemiker Friedrich Kekulé zählt zu den großen Erneuerern der gesamten Chemie. Er hat die chemische Formel für Benzol entwickelt. Die Vorarbeiten hierzu sind natürlich im Labor und am Rechentisch entstanden. Aber dann ging es nicht weiter, Kekulé war an einem toten Punkt angelangt. Seine »Vernunft« war am Ende. (Lassen Sie mich hier etwas einfügen, damit Sie die volle Tragweite des weiteren Geschehens begreifen. Zur Entwicklung der nächsten Jahrzehnte war es notwendig, die chemische Formel für Benzol zu haben, denn sie war die Grundlage für die Revolution der organischen Chemie. Mit anderen Worten: Die Formel mußte her.)
Und in dem Augenblick kam es zum »Kurzschluß« mit seinem Zentralspeicher. Kekulé berichtet:
»Ich drehte meinen Sessel zum Kamin hin und fiel in eine Art Halbschlaf. Die Atome schwirrten vor meinen Augen . . . sie wanden und drehten sich wie Schlangen. Und da, was war das? Eine der Schlangen biß sich in ihren eigenen Schwanz, und dieses Bild wirbelte höhnisch vor meinen Augen umher. Ich wachte auf, wie von einem Blitzschlag getroffen. Den Rest der Nacht beschäftigte ich mich damit, die Konsequenz dieser Hypothese auszuarbeiten.«
Aus dem Bild der sich in den eigenen Schwanz beißenden Schlange entwickelte Kekulé dann das sechseckige Benzol-

Molekül. Kekulé selbst hat natürlich zu diesem Phänomen Stellung genommen. Den Kollegen, denen er über seinen Traum berichtet hatte, empfahl er:
»Meine Herren, lassen Sie uns lernen zu träumen, dann werden wir vielleicht die Wahrheit finden.«
Daß Niels Bohr, dänischer Physiker und Vater der Atomforschung und Quantenmechanik, gesagt hat, seine Entdeckung des nach ihm benannten Atommodells als auch seine Idee des atomaren »Pilzes« in einem Traum gemacht zu haben, sei — fast — nur am Rande erwähnt.
Die Wahrheit, die Urwirklichkeit, ist nicht teilbar, aber woraus ist sie zusammengesetzt? Ist in ihr bereits Anfang und Ende enthalten? Lag also das Benzolmolekül oder das Bohr'sche Atommodell fix und fertig da und wartete darauf, daß jemand es entdecken würde?
Kein Mensch vermag diese Frage letztendlich zu beantworten. Und das ist auch gut so. Woher sonst käme dann noch der Antrieb für den einzelnen, sich zu engagieren und nach neuen Ufern Ausschau zu halten?
Uns bleibt also nichts anderes übrig, als uns Schritt für Schritt an das Phänomen heranzutasten.
Was ist im Traum von Kekulé oder Bohr oder Bismarck eigentlich geschehen?
Ich möchte es Ihnen an einem ganz einfachen Bild erläutern. Zwei Sportler laufen aus unterschiedlichen Richtungen auf das gleiche Ziel zu.
Die beiden Sportler sind die Vernunft, die Logik, die normale Kombinationsfähigkeit und der persönliche Anteil an der Urwirklichkeit. Das für beide verbindliche Ziel ist das jeweils vorgegebene Problem. Beide Läufer bringen die Fülle ihrer Möglichkeiten ein: Sie ergänzen sich.
Wenn Kekulé sagt, wir müssen das Träumen lernen, meint er mit Sicherheit, daß wir unseren Anteil an der

Wahrheit akzeptieren müssen, ihn nicht als etwas Untergeordnetes oder Nebensächliches betrachten.

Wir finden eine erneute Übereinstimmung zwischen diesen Gedanken und den Ergebnissen aus dem Verhalten der Senoi, des Traumvolkes. Sie haben die Harmonie nicht zerstört, haben keine falsche Gewichtung vorgenommen.

Zu welchen konkreten Handlungen eine solche Einbeziehung auch führen kann, zeigt das Beispiel von Joseph in der Bibel. Hier seine Geschichte: Joseph war mit Maria, der Mutter von Jesus, verlobt. Aber Joseph merkte, daß sie schwanger war, obwohl sie noch nicht miteinander »gelebt« hatten. Joseph war ein gerechter Mann, er wollte Maria nicht bloßstellen und gedachte, sie heimlich zu verlassen. Da erschien ihm ein Engel des Herrn im Traum und sprach zu ihm:

»Joseph, Sohn Davids, scheue dich nicht, Maria, deine Frau, zu dir zu nehmen, denn was in ihr gezeugt ist, ist vom Heiligen Geist. Sie wird einen Sohn gebären und du sollst ihm den Namen Jesus geben.«

Joseph wachte aus dem Schlaf auf und tat, was der Engel ihn geheißen hatte. Soweit der Bericht aus der Bibel.

Wer aber war nun der Engel in Josephs Traum? War er wirklich ein Abgesandter, ein Bote Gottes?

Bleiben wir bei unserer bisherigen Terminologie. Setzen wir also Gott gleich mit der unteilbaren Wahrheit, der Urwirklichkeit und den Engel mit dem persönlichen Anteil Josephs an der Urwirklichkeit. Dann war auch Josephs Traumgesicht »nur« ein Beispiel für den direkten »Kurzschluß« zur unteilbaren Wahrheit.

Das Problem bei diesen Überlegungen liegt in der Formulierung »Anteil an der Wahrheit«. Wir wissen bereits, daß diese Wahrheit an sich und in sich unteilbar ist. Wir wissen aber auch, daß jeder Mensch seinen ganz persönlichen Anteil daran haben kann — wenn er bereit ist, ihn zu

akzeptieren. Nun hat nicht jeder Mensch den gleichen Anteil an der Wahrheit, begreiflicherweise. Hätten wir alle den gleichen Anteil, gäbe es keine Fortbewegung mehr, gerieten wir in die Stagnation.
Jeder Mensch verfügt über den Anteil an der Wahrheit, den er braucht, um dieses Leben zu bestehen und die in ihm liegenden Aufgaben zu bewältigen — für die Gemeinschaft.
Ich weiß, daß ich mich mit dieser Aussage ganz entschieden gegen eine ganze Reihe psychologischer Auffassungen vom Menschen und seiner Funktion wende. Aber das ist notwendig, um zu einer neuen, intensiveren Betrachtungsweise zu kommen. Wir können nicht einen vorhandenen Mangel durch einen anderen Mangel beheben. Daß wir mit diesem Mangel leben müssen, habe ich bereits gesagt. Auch, worin sich dieses Mangelgefühl äußert und mitteilt. Erst dann, wenn wir bereit sind, die durchgängige Existenz der Urwirklichkeit nicht nur vorauszusetzen, sondern auch ganz konkret in unser Leben zu übertragen, können wir den entscheidenden Schritt nach vorne tun. Lehnen wir diese Existenz weiterhin beharrlich ab, lösen wir kein einziges Problem, sondern schaffen ständig neue. Wer sich einzig und allein auf die Vernunft bei solchen Fragestellungen verläßt, engt sich selbst auf gefährliche Weise ein und nimmt sich die Möglichkeit, Verständnis und Einsicht für sich und andere zu gewinnen.
Von den Senoi, dem Traumvolk, können wir lernen, mit welch einfachen Mitteln der geforderte Weg beschritten werden kann. Dazu fällt mir ein Theaterstück des französischen Dramatikers Eugène Ionesco ein. Dieses Stück mit dem Titel *Der Schlamm* beschreibt die Lebenssituation eines Menschen, der ständig von der Projektion auf ein imaginäres Morgen lebt. Er ist sich durchaus bewußt, daß er im Hier und Jetzt handeln müßte, aber er tut es nicht,

sondern plant alles für morgen – oder übermorgen. Und mit diesen Gedanken an ein mögliches Leben »verlebt« er sein eigentliches Leben.
Mit den Träumen verhält es sich ähnlich. Solange Sie sich lediglich vornehmen, Ihre Träume in Ihre Welt einzubeziehen, ändern Sie absolut nichts. Die Traumtür ist schon eine reale, tatsächlich vorhandene Tür im Sinne von Barriere, die geöffnet bzw. überwunden werden muß. Der Schlüssel zu dieser Tür liegt in diesem Buch und in Ihrem eigenen Wunsch, Ihre Träume zu begreifen.
Nun tun wir eigentlich nichts, was uns nicht wenigstens ein kleines bißchen Freude oder auch Lust bereitet: Je positiver wir angeregt werden, eine bestimmte Sache zu tun, desto leichter fällt uns die Verwirklichung dieser Sache.
Mit den Träumen, insbesondere mit den Zukunftsträumen, verhält es sich nun ganz genauso.
Der gewaltige Traumapparat setzt sich ja nicht völlig autonom, daß heißt ohne äußeren Antrieb, in Bewegung. Dazu bedarf es schon eines Wunsches. Je ausgeprägter die Kraft dieses Wunsches ist, desto ausgeprägter wird die Traumanregung sein, die dann dafür sorgt, daß sich der Wunsch im Traumbild als Ereignis darstellt und seine entsprechenden Lösungen anbietet.
Wie Sie dieses Traumereignis behandeln müssen, um die darin steckende Lösung zu erkennen, habe ich verdeutlicht. Was bisher noch nicht zur Sprache gekommen ist, hat mir dem zu tun, worüber dieses ganze Kapitel handelt: dem bewußten Traum von der Zukunft, und zwar Ihrer eigenen. Das klingt sehr geheimnisvoll oder mysteriös, ist aber genauso sachlich und nachvollziehbar wie alles bisher Gesagte.
Es gibt Menschen, die lassen sich ihre Zukunft »deuten« von Wahrsagern, Kartenlegern, Pendlern, Astrologen. Aber woher beziehen diese Deuter denn ihre Informatio-

nen, die sie ja benötigen, um überhaupt etwas sagen zu können?
Ich will es einmal etwas provozierend formulieren: Wenn der Hintergrund solcher Deuter stimmt, liegt Ihr Leben, liegen Gegenwart, Vergangenheit und Zukunft *irgendwo* »abrufbar«, und mit Hilfe bestimmter Techniken läßt sich dieses »Depot« anzapfen. Wenn ich an die teilweise verblüffenden Erfolge von Kartenlegern denke, könnte ich fast glauben, diese provokante Aussage stimmte. Der Grund für die Richtigkeit vieler Vorhersagen aber liegt in der jeweiligen Symbolik. Leider haben sich die Wissenschaften noch nicht im ausreichenden Maße mit dem Phänomen der Symbolik auseinandergesetzt, so daß die Grundlagen, auf denen man arbeiten kann, nur dann stimmen, wenn man von ihnen absolut überzeugt ist.
Doch hier geht es darum, Ihnen eine Fähigkeit zu vermitteln, Zukunftsträume zu planen. Dazu brauchen Sie nur sich selbst. Denn Sie haben ja alles in sich, was Sie benötigen, um Ihre Probleme aufzudecken.
Vor dem Schlafengehen schalten Sie für einige Minuten völlig ab. Nichts kann Sie mehr aufregen, nichts beunruhigen. Sie wissen, daß die Dinge, die Sie tun wollten oder sollten noch nicht getan haben und sie an diesem Tag auch nicht mehr zu machen sind. Wenn Schuldgedanken kommen, wenden Sie einen kleinen Trick an: Stellen Sie sich einfach vor, wie zufrieden Sie am nächsten Tage sein werden, *nachdem* Sie diese Arbeit getan haben. Holen Sie sich aus der Zukunft das Gefühl von Zufriedenheit. In diesem Zustand der Entspannung aktivieren Sie jetzt Ihr Atemzentrum. Das geschieht, indem Sie ganz ruhig und gleichmäßig atmen, den Atem strömen lassen, ohne ihm irgendeinen Widerstand entgegenzusetzen. Wenden Sie hierbei die Formel an, die ich schon früher genannt habe: Beim Einatmen denken Sie: Jetzt fließt alles Gute in mich

hinein, und beim Ausatmen denken Sie, jetzt fließt alles Schlechte aus mir heraus. Diese Atemübung machen Sie etwa fünf Minuten. Nach dieser Zeit überkommt Sie ein harmonisch-friedliches Gefühl, dem Sie sich ganz öffnen sollen. Und in diesen Zustand hinein »denken« Sie Ihr jeweiliges Problem, versuchen aber, sich dabei nicht aus Ihrem positiven Gefühl bringen zu lassen. Und nun kommt das Entscheidende, denn jetzt aktivieren Sie Ihren Zentralspeicher. Sie programmieren Ihr Problem, Ihren Konflikt in die unermeßlichen Tiefen Ihres Selbst.

Und genausowenig, wie Sie beispielsweise einen Computer erst fragen, ob er überhaupt fähig und willens ist, ein bestimmtes Programm zu fahren, genausowenig dürfen Sie Ihr Selbst mit einer solchen Formulierung irritieren. Und das würden Sie zwangsläufig tun, wenn Sie sich Ihrer Sache nicht absolut sicher wären. Ihr Zentralspeicher würde negativ aktiviert. Wenn ich früher davon gesprochen habe, daß in Ihrem Zentralspeicher die Summe alles Bisherigen gespeichert ist, so bedeutet das, daß auch die negativen, unsicheren, angezweifelten Dinge gespeichert sind. Und die können Ihnen bei der Lösung eines Problems nun wirklich nicht helfen. Aktivieren Sie also das Bestimmte, das Positive. Sie tun das bereits, wenn Sie es als (fast) gelöst betrachten. Auch hier können Sie den Trick anwenden, den ich Ihnen bereits verraten habe: Stellen Sie sich die Situation am nächsten Morgen vor, wenn Ihr Problem als gelöst betrachtet werden kann – wenn auch noch nicht in der Realität; denn im Traum, besonders im Zukunftstraum, werden ja nur die erforderlichen Lösungsschritte angeboten. Suchen Sie eine Formulierung, die Ihnen zusagt, beispielsweise: Es ist gut, daß das Problem X morgen gelöst ist. Mein Traumbewußtsein wird mir nämlich die Lösung dazu anbieten.

Wenn Sie so vorgehen, haben sie alle in Frage kommenden

Speicherstellen aktiviert und auf Positiv geschaltet. Wenn Sie ein optischer Mensch sind, können Sie sich das Ganze bildlich vorstellen: Ihr Zentralspeicher sieht aus wie eine riesige Kugel von heller Farbe. Auf ihr verteilt sind unzählige Lämpchen, die fortwährend blinken. Ihre Aufgabe ist es nun, dafür zu sorgen, daß die Lämpchen in einer ganz bestimmten Anordnung, in einer ganz bestimmten Struktur aufblinken. Und diese Struktur entspricht exakt dem erforderlichen »Suchvorgang« nach der Lösung Ihres Problems. Und nun stellen sie sich weiter vor, Sie säßen in der Mitte dieser Kugel und blickten durch die Oberfläche mit ihren blinkenden Lämpchen. Traumbewußtsein und Wachbewußtsein sind eins, es gibt nur einen einzigen Zentralspeicher, eine einzige unteilbare Wahrheit, eine einzige Urwirklichkeit – Sie selbst!

Möglicherweise brauchen Sie einige Zeit, bis Sie sich an dieses Bild gewöhnt haben, üben Sie jeden Abend daran, es ist ja bekanntlich noch kein Meister vom Himmel gefallen.

Und die Auditiven unter Ihnen, die Klangbesessenen, können sich den gleichen Vorgang in Tönen vorstellen. Auch hier ist die Grundform eine Kugel, aber auf ihr erklingen Töne, unregelmäßig, ohne erkennbare Melodie. Schwingen Sie sich in die einzelnen Tonstrukturen und lassen Sie eine Melodie erklingen, die Melodie Ihres Problems. Auch hier gibt es Anfangsschwierigkeiten, die überwunden werden.

Und irgendwann in der nächsten Zeit werden Sie morgens wach und wissen genau: Heute hat es geklappt! An einem solchen Morgen werden Sie sich in aller Klarheit an einen bestimmten Traum erinnnern. Den halten Sie in der angegebenen Weise fest und untersuchen ihn. Das Ergebnis ist der Lösungsvorschlag zu Ihrem Problem.

Natürlich sind solche Träume selten, müssen es auch sein,

denn die meisten Konflikte und Probleme, mit denen wir zu kämpfen haben, lassen sich durch bewußtes und gezieltes Handeln lösen. Der provozierte Zukunftstraum sollte für die wirklich schwerwiegenden Entscheidungen gewählt werden.

Der Traum Bismarcks, Kekulés, Bohrs und Josephs, aber auch der von Frau A. und von Bibi Johns, gehören in diese Kategorie.

Leider wird es Ihnen nicht möglich sein, beispielsweise in ein Schlaflabor zu gehen, um dort einmal über einen längeren Zeitraum sämtliche Träume, die Sie während einer Nacht haben, zu kontrollieren. Das wäre für Ihre eigene Entwicklung natürlich hervorragend, weil Sie dadurch eine zusätzliche Motivation erhielten, Ihre Träume konsequent in Ihr Leben einzubeziehen und zu verarbeiten. Durch unsere Erziehung sind wir ja, wie bereits erwähnt, mehr oder weniger gezwungen, *vor* der Traumtür stehenzubleiben und uns nur ab und zu einmal Gedanken über das Dahinterliegende zu machen.

Wenn Sie jedoch einmal einen bewußt produzierten Zukunftstraum erlebt haben, werden Sie solche Zweifel und Fragen nicht mehr quälen. Erfahrung macht klug – aber nur die eigene.

Und genau mit der wollen wir uns im nächsten Abschnitt ausführlich beschäftigen.

Der Traum vom Alltag

Der berühmte deutsche Philosoph Ernst Bloch (*Das Prinzip Hoffnung*) hat einmal gesagt: »Wohin ich gehe, nehme ich mich mit.« In dieser einfachen Formulierung steckt schon das ganze Problem. Wir sind immer bei uns, auch wenn wir es manchmal nicht wahrhaben wollen.
Und ein zweiter Gedanke des gleichen Philosophen ergänzt das Bild: »Vieles wäre leichter, könnten wir Gras essen.« In der Tat, das Leben wäre tatsächlich leichter und viele gesellschaftliche Konflikte verlören ihre Bedeutung und Notwendigkeit.
Was hat das nun mit dem »Traum vom Alltag« zu tun?
»Wohin ich gehe, nehme ich mich mit.« Das meint nicht nur, einen bestimmten Teil von sich mitzunehmen, sondern sich als totale Person – einschließlich des Gefühls von Mangel und der daraus resultierenden Konfliktsituationen. Wohin ich gehe, nehme ich auch meinen persönlichen Anteil an der Urwirklichkeit mit, und ich nehme mit die unbewußte Bereitschaft, das Ergänzende, also das, was mir fehlt, zu suchen.
Und überall, wo ich hingehe, wird mir schmerzlich bewußt, daß ich kein Gras essen kann. Daraus ergibt sich die Sorge, mich ernähren zu müssen, mit allen Konsequenzen, die daraus entstehen.
Nun lebt keiner von uns irgendwo isoliert oder unabhängig, sondern in der Gemeinschaft. Das heißt, die beiden Fundamente Mangel und Sorge stehen in ständiger Verbindung (Interaktion) zueinander. Und die einzige Möglichkeit, trotz dieser letztlich belastenden Vorgaben weiterleben zu können, liegt in dem, was Ernst Bloch mit seinem »Prinzip

Hoffnung« meint. Falsch wäre es, dieses Prinzip zu verwechseln mit der landläufigen Meinung »Es wird schon alles gut werden«. Sicherlich, alles könnte gut werden, wenn jeder von uns sich das Prinzip Hoffnung zu eigen machen würde.
Behebung des Mangels und Ent-Sorgung.
Durch die Einbeziehung der Träume und ihrer Botschaften sind wir in der Lage, zunächst einmal den ersten Punkt, die Behebung des Mangels, zu erreichen. Die Zusammenhänge habe ich dargestellt. Ist dieser Mangel behoben, daß heißt, ist das Gefühl von Einheit, Harmonie – auf die eigene Person bezogen – verwirklicht, ist die Ent-Sorgung letztlich nur noch eine Frage der sich daraus ergebenden Konsequenz, somit durchaus realisierbar. (Das hat, auch wenn es sich anbietet, nichts mit der Politik zu tun, die nur ein Mittel der Vernunft ist, Umwelt berechenbar zu machen, um Vorteile – für wen auch immer – daraus abzuleiten.)
Ich möchte diese Gedanken am Beispiel einer jungen Familie erläutern, beziehungsweise an den Traumereignissen, die während der Dauer eines halben Jahres in dieser Familie eintraten und zu überraschenden Ergebnissen geführt haben.
Die äußere Situation ist rasch geschildert:
Renate und Manfred Rossbauer, 28 und 27 Jahre alt, sind seit acht Jahren verheiratet, haben einen kleinen, vierjährigen Sohn, Stefan, und bewohnen eine Vier-Zimmer-Wohnung im dritten Stock eines Mietshauses in einem Vorort von Köln. Manfred Rossbauer ist gelernter Einzelhandelskaufmann, hat sich aber nach der Auflösung seiner Firma umschulen lassen und arbeitet jetzt im Außendienst einer internationalen Computerfirma. Renate hat keinen erlernten Beruf, sie hatte ihren Mann gleich nach ihrem Abitur kennengelernt und geheiratet. Sie versorgt nach traditioneller Art die Familie. Stefan ist gerade in den Kindergarten gekommen.

Der Nettoverdienst der Familie liegt bei rund 2000 Mark im Monat, viel gespart werden kann nicht, dafür sind die monatlichen Belastungen und Ausgaben einfach zu hoch. Das einzige, wofür man regelmäßig spart, ist der jährliche Urlaub, dessen Ziel von günstigen Angeboten des Reisebüros abhängig gemacht wird.

Eine Familie also, die sich in nichts von Millionen anderer unterscheidet. Auch ihr Tagesablauf ähnelt dem anderer Familien.

Ich hatte das Ehepaar gebeten, doch für die Dauer von sechs Monaten ein Traumtagebuch zu führen. Ich erklärte ihnen die technischen Voraussetzungen, die dazu notwendig sind, einschließlich der geschilderten Traumanregung durch Atemübung und Vorstellung bestimmter Bilder und Wünsche.

Natürlich waren beide zuerst skeptisch, weil sie nicht einsehen konnten, was ihre Träume wohl mit ihrem Leben zu tun haben könnten. Aber dann erklärten sie sich bereit, und das Experiment konnte beginnen. (Übrigens ist Manfred Rossbauer einer der Elektronik-Fans, die heute einen Kleincomputer für die eigene Traumarbeit mit Erfolg einsetzen.)

Sie werden Verständnis dafür haben, daß ich nicht jeden einzelnen Traum anführen kann, dafür waren die Ergebnisse auch zu umfangreich. Aber die wesentlichen, bestimmte Ereignisse auslösenden Träume schildere ich Ihnen in der zeitlichen Reihenfolge ihres Auftretens.

Erwartungsgemäß traten in den ersten Wochen nach Beginn des Experimentes (12. März 1983) keine besonders ungewohnten Träume auf. Trotzdem hielt sich das Ehepaar Rossbauer genau an die Anweisungen zur Traumanregung. Bereits nach wenigen Tagen schienen ihnen die Übungen nicht mehr ungewöhnlich oder undurchführbar, ganz im Gegenteil. Bei den regelmäßigen Gesprächen, die wir in dieser Zeit miteinander führten, berichteten sie übereinstimmend, daß sie viel besser schliefen, am nächsten Tag insgesamt leistungsfähiger und ausgeglichener seien. Doch darum ging es in unserem Experiment ja nicht. Sicherlich war es insgesamt begrüßenswert, daß sich die Schlafqualität durch die leichten Übungen verbessert hatte – aber wir warteten doch auf den ersten, wirklich ungewöhnlichen Traum.

Es war am 14. April, als mich Manfred Rossbauer anrief und mir von einem Traum erzählte, den er in der vergangenen Nacht gehabt hatte.

Mit seinem Einverständnis (das übrigens auch für Renate Rossbauer gilt) gebe ich nun seinen Traum wieder, so, wie er ihn mir geschildert und auch in sein Traum-Tagebuch geschrieben hat:

Der Traum beginnt mit dem Gefühl einer starken Erektion. Aber diese Erektion verwirrt mich, ich weiß nicht, was ich damit anfangen soll. Ich stehe mitten in einer Landschaft, die sich ständig verändert, aber insgesamt einen bedrohlichen Eindruck auf mich macht. Nirgendwo ist ein Mensch zu sehen, ich komme mir allein gelassen vor. Aber gleichzeitig spüre ich, daß sich in dieser Landschaft etwas verbirgt, das sich mir zeigen will und, ich weiß nicht, weshalb, irgendwie bringe ich das mit meiner Erektion zusammen. Die Farben, an die ich mich erinnern kann, sind dunkelrot-braun, aber nicht überall, denn ich empfinde ein Gefühl von Helligkeit, kann es aber nicht lokalisieren.

Soweit die Traumschilderung. In den nächsten Tagen, so Manfred Rossbauer, fühlte er sich konfus, hatte das Gefühl, neben sich her zu laufen, so daß er fast fürchtete, seinen Job zu verlieren. Der ungewohnte Gefühlszustand hielt an, aber der 27jährige gab nicht auf, sondern praktizierte jeden Abend seine Traumanregung.

Der nächste Traum ereignete sich am 29. April. In sein Traum-Tagebuch notiert er:
Ich sehe mich bei einem Begräbnis. Alle Umstehenden sind sehr traurig. Auch meine Frau und mein Sohn sind da. Ich gehe auf sie zu und frage, wer denn hier beerdigt wird. Meine Frau sieht mich direkt an und sagt: »Na, du, Manfred, wußtest du das denn nicht?« Und Stefan, unser kleiner Sohn, reicht mir ein Grabsträußchen, lächelt dabei und sagt: »Die sind für dein Flugzeug, Papa.« Und jetzt erst bemerke ich, daß ich in der Kanzel eines kleinen Flugzeuges sitze. Es hebt ab und steigt rasch in die Höhe. Dort bleibt es genau über der Trauergemeinde stehen. Ich betrachte meine eigene Beerdigung aus der Luft, sehe, wie die Leute weinen und schluchzen. Aber meine Frau weint nicht, sie blickt nach oben und winkt mir lachend zu.
Manfred Rossbauer hielt diesen Traum für absurd, konnte nichts mit ihm anfangen. Aber sein Gefühl von Irritation – noch vom ersten Traum her – blieb auch weiterhin bestehen.
Die nächste Eintragung ins Traum-Tagebuch datiert vom 6. Mai:
Ich stehe in einem klaren, reißenden Fluß, habe aber gar keine Angst zu ertrinken, im Gegenteil, ich genieße die starke Strömung, die Klarheit des Wassers, und wünsche mir, immer an dieser Stelle bleiben zu können. Erst jetzt sehe ich den kleinen Stefan am Ufer stehen. Er trägt den gleichen Anzug, den ich als Kind trug, und zwar anläßlich meiner Ersten Kommunion. Stefan winkt mir zu, und ich will mich gerade auf ihn zu bewegen, als ich auf der anderen Uferseite das dunkelrot-braune Licht aus meinem ersten Traum sehe. Und dies ist mir in dem Augenblick auch ganz bewußt. Ich denke nämlich, hier warst du schon einmal. Und dann entsteht aus den dunklen Farben ein helles Leuchten, zu dem ich mich hingezogen fühle. Aber auf der

anderen Seite steht Stefan und winkt mir zu. Ich stehe da, mitten im Wasser und weiß nicht, wie ich mich entscheiden soll.

Soweit zunächst einmal die drei auffälligsten Traumschilderungen von Manfred Rossbauer. Bevor wir uns mit ihnen intensiver auseinandersetzen, hier zunächst die Wiedergabe der Träume von Renate Rossbauer.

Ihr geht es anfänglich ebenso wie ihrem Mann, nichts geschieht. Aber auch sie gibt nicht auf. Geduldig praktiziert sie jeden Abend ihre Übung zur Traumanregung. Ihr erster Traum ereignet sich genau vier Tage vor dem ersten Traum ihres Mannes, nämlich am 10. April. Renate Rossbauer schreibt in ihr Tagebuch:

Ich stehe auf einem Schiff. Alle Menschen darauf sind mir völlig fremd. Es ist entsetzlich kalt, ein eisiger Wind peitscht das Wasser hoch, und die Wellen schlagen über Bord. Aber davon nimmt keiner der Anwesenden Notiz. Im Gegenteil, sie tun so, als wäre überhaupt nichts, stehen herum, unterhalten sich und lachen. Ich stehe immer noch an der gleichen Stelle und kann mich nicht rühren. Plötzlich wird mir bewußt, daß ich ganz nackt dastehe. Ich versuche, meine Scham zu verbergen. Aber durch diese Bewegung wird eine Frau auf mich aufmerksam. Sie bedeutet den anderen zu schweigen und sagt: »Das ist ja endlich die nackte Frau Rossbauer, jetzt können wir sie auch scheiden.« Ein mir völlig fremder Mann kommt auf mich zu, dessen Gesicht mit jedem Schritt, den er auf mich tut, aggressiver wirkt. Als er endlich vor mir steht, packt er mich und schreit mich an: »Da bist du ja endlich, du Schlampe. Jetzt geht es dir an den Kragen, denn ich lasse mich endgültig von dir scheiden.« Und mit einem brutalen Griff reißt er mir irgend etwas vom Hals, das ich vorher nicht bemerkt hatte, es ist mein eigener Ehering, aber riesig groß.

Renate Rossbauer versuchte, diesen Traum zunächst als

Alptraum abzutun, aber so recht wollte ihr das nicht gelingen. Und da sie sich ja laut Anweisung noch nicht mit der inhaltlichen Deutung auseinandersetzen, sondern lediglich die einzelnen Traumbilder aufzeichnen sollte, gab es zunächst auch keinerlei Gelegenheit, eine Interpretation im Sinne einer Bewußtmachung der zugrunde liegenden Traumbotschaften zu erarbeiten.
Der zweite Traum, vom 17. April, war ein sehr kurzer, auf den ersten Blick hin einfach konstruierter Traum:
Ich stehe vor einem Haus und halte eine Fackel in der Hand. Ich sehe, wie sich hinter den Fenstern etwas bewegt, etwas wie ein Fernglas. In dem Moment gehe ich auf das Haus zu und halte die Fackel gegen das Holz. Es brennt im Nu lichterloh. Die Flammen sind mir ganz nahe, aber ich spüre keine Hitze. Das einzige Gefühl, an das ich mich erinnern kann, ist das von gewaltiger Erleichterung und Befreiung.
Zwei Wochen später schreibt Renate Rossbauer ihren dritten Traum in das Tagebuch. Es ist ein beängstigendes Traumereignis:
Ganz allein stehe ich am Fuße eines riesigen Gletschers. Er ist durchsichtig, und ich kann unendlich tief sehen. Hinter mir sehe ich einen Schatten, den einer Frau. Als ich meine Hand vor die Augen halte, um mich gegen die Sonne zu schützen, bemerke ich, daß ich selbst diese Frau bin. Ich, das heißt sie ruft mir zu: »Nun gehe schon, wenn du deinen Sohn retten willst, aber beeile dich, sonst ist es zu spät.« Tief unter mir sehe ich den kleinen Stefan, wie er verzweifelt versucht, sich aus einem Sumpf zu befreien, in den er immer tiefer sinkt. Ganz deutlich höre ich seine Kinderstimme, die gellend um Hilfe schreit. Ich versuche, den Gletscher mit den Fingernägeln aufzukratzen. Aber es gelingt mir nicht. Ich lege mich flach auf den Boden, um mit meiner Körperwärme das Eis zum Schmelzen zu bringen, auch das geht nicht. Plötzlich, in meiner Not, erinnere ich mich an ein

Spiel, das wir als Kinder häufig gespielt haben, das Tauschspiel: Ich tausche meine Puppe gegen dein Stofftier. Und ich schrie, so laut ich konnte: Ich tausche meine Zukunft gegen deine Gegenwart, Stefan. Ich dachte, er könnte mich nicht hören, aber es geschah etwas Merkwürdiges: Der Sumpf, in dem Stefan steckte, verwandelte sich in einen kleinen, sauberen Teich, und das Gletschereis, auf dem ich stand, verwandelte sich in einen Sumpf. Er zog mich hinab, und ich dachte, das wäre das Ende, da fühlte ich plötzlich die kleine Hand von Stefan, die mich in den kleinen Wasserteich zog. Überglücklich wollte ich Stefan in die Arme nehmen, als ich seine Verwandlung bemerkte, er nahm übergangslos immer andere Gesichter an, von völlig fremden Kindern, aber immer noch lag meine Hand in der kleinen Kinderhand.

Soweit die Schilderung des wahrhaft beeindruckenden Traumes von Renate Rossbauer.

Wenn Sie auf die Daten der einzelnen Träume schauen, stellen Sie fest, daß es zwei unterschiedliche Entwicklungen gibt. Renate hat in anderen Zeitabständen geträumt als ihr Mann, sie hat auch früher ihren ersten »Auslösetraum« notieren können.

Die letzte »offizielle« Eintragung ins Traum-Tagebuch stammt vom 6. Mai 1983. Sicherlich haben die beiden auch danach ihr Tagebuch weitergeführt, denn das eigentliche Experiment war ja auf sechs Monate angesetzt. Aber zum Zeitpunkt unseres ersten Zusammentreffens konnte niemand damit rechnen, daß der durchschlagende Erfolg sich bereits wenige Wochen später einstellen würde. Deshalb reichen für unsere Betrachtungen auch die beschriebenen sechs Träume.

Das Leben der Familie Rossbauer hat sich geändert, das steht fest. Nicht von heute auf morgen und nicht in einer spektakulären Weise. Es waren unterschwellige Veränderungen, die zunächst mehr den Freunden und Bekannten

der Familie aufgefallen waren als den Betroffenen selbst. Aber in geradezu auffälliger Weise profitierte der kleine Stefan von der sanften Veränderung seiner Eltern. Es ist nicht so, daß sie beispielsweise heute mehr Zeit für ihn haben, sie haben nur in einer anderen Art und Weise Zeit für ihn. So fordern sie ihn nicht zu Leistungen auf, die seiner Entwicklungsstufe noch nicht entsprechen. Sie versuchen nicht mehr, ihn für Dinge zu motivieren, an denen sie selbst viel mehr Interesse haben als Stefan selbst. Es scheint, als hätten sie begriffen, daß jeder Mensch »seine« Zeit braucht, um unverwechselbar zu werden. Weder Manfred noch Renate Rossbauer versuchen, aus Stefan einen »Bastard« ihrer eigenen Vorstellungen, Hoffnungen und Wünsche zu fabrizieren: Stefan ist und bleibt Stefan.
Auch das Verhältnis der Eheleute zueinander ist anders geworden, sie sind zwar keine Heiligen, aber ihr Wesen hat etwas Strahlendes, das für andere »fühlbar« geworden ist und das sie häufig in die Nähe der beiden drängt.
Wie ist das zu erklären?
Wenn Sie die Traumfolgen von Renate und von Manfred Rossbauer untersuchen und dabei das von mir empfohlene Schema zugrunde legen, wird Ihnen sofort eine Eigentümlichkeit auffallen. Sie finden nämlich folgende Reihenfolge, zunächst bei Manfred: Sexualität – Ausgeliefertsein – Farbempfindung von Dunkel nach Hell; eigenes Begräbnis – Fliegen – Trauer und Lachen; Fluß – Gefühl von Frieden – Stefan (eigene Kindheit) – Farbempfindung wieder von Dunkel nach Hell – Entscheidungsproblem.
Bei Renate finden wir folgende Reihung:
Schiff – Kälte – unbekannte Menschen – Nacktsein – Schamgefühl – Scheidung von einem Fremden – Demütigung – Ehering; Haus – Fackel – Fernglas – Brand – Befreiung; Gletscher (Eis) – Lebensgefahr für Stefan – mißlungener Hilfeversuch – Erinnerung an die eigene

Kindheit — Sumpf wird zu Wasser, Wasser zu Sumpf —
Rettung durch Stefan — Konfrontation mit Kindsein allgemein.
Dies ist natürlich nur eine skizzenhafte Darstellung der jeweiligen Entwicklung. Sicherlich sind Ihre Deutungsunterlagen sehr viel ausführlicher, aber Sie müssen zum gleichen Ergebnis kommen.
Eigentlich müßte sich jetzt bei Ihnen eine ganz bestimmte Frage förmlich aufdrängen, nämlich die: Was haben die beiden denn bei der Übung zur Traumanregung *gedacht?*
Diese Frage habe ich bewußt bis jetzt zurückgehalten, sie hätte Sie sonst in eine ganz bestimmte Erwartenshaltung manövriert, und das wollte ich vermeiden.
Erinnern Sie sich, daß ich an anderer Stelle gesagt habe, die Lösung eines Problems muß einfach sein? Hier, bei Renate und Manfred Rossbauer, finden Sie einen gut nachvollziehbaren Beweis. Denn alles, was sie während der Vorbereitung zur Traumanregung (also eines ausgesprochenen visionären Traums!) gedacht hatten, war die ganz einfache Formulierung: Wie finde ich den Weg zu mir selbst?
Mit diesem wirklich einfachen Gedanken haben sie jeweils ihren Alltag beendet, also die eine Seite der Münze, und haben die andere Seite der Münze mit ihrer deutlich formulierten Frage: Wie finde ich den Weg zu mir selbst?
»bedruckt«, im Sinne von programmiert. Durch diesen Vorgang haben sie die gesamte Kapazität ihres Zentralspeichers auf die Beantwortung ihrer Frage aktiviert.
Vor einiger Zeit, als ich mich noch einmal mit den beiden unterhielt, sagte mir Manfred Rossbauer, er habe anfänglich geglaubt, ja gehofft, alles würde sich im Laufe einer einzigen Nacht, während eines einzigen Traumes »abspielen«. Er hat erst sehr viel später begriffen, daß das nicht nur unmöglich, sondern höchst gefährlich gewesen wäre.

Stellen Sie sich einmal vor, er hätte die Summe seiner drei wesentlichen Träume tatsächlich in einem einzigen Traumereignis durchleben müssen. Das wäre für sein gewohntes Begreifen zuviel auf einmal gewesen und sein Tagesbewußtsein hätte es geschickt fertig gebracht, die Botschaften in den Bereich des Absurden abzudrängen. So aber, durch die zeitlichen Abstände und durch die notwendige inhaltliche Reihenfolge seiner Träume, hatte er jeweils Zeit genug, die Einzelinformationen wirken zu lassen, ohne sich bewußt damit auseinanderzusetzen. Das gehörte ganz wesentlich zum Experiment, sich nicht mit den Trauminhalten gezielt und analysierend zu beschäftigen, sondern ES in aller Ruhe und Gelassenheit wirken, im Sinne von Verselbständigung reifen zu lassen.

In diesem Gespräch hat Manfred Rossbauer auch ein Bild entwickelt, aus dem seine eigene wie auch die von seiner Frau so empfundene Entwicklung plastisch beschrieben ist:
Während der Zeit des Übergangs hatten wir beide ganz stark das Gefühl von Zugwechsel. Uns wurde immer deutlicher bewußt, daß der Zug, in dem wir vorher saßen, nicht von uns selbst ausgesucht, sondern von irgend jemandem für uns bestimmt worden war. Uns war nichts anderes übriggeblieben, als uns einfach fahren zu lassen. Und je weiter wir fuhren, desto schmerzlicher wurde uns klar, daß die Landschaft, in die wir fuhren, nichts mit den Zielen zu tun hatte, für die wir beide uns vor langer Zeit einmal entschieden hatten. Und die Konflikte, Unzufriedenheit, Unausgeglichenheit, gesundheitliche Störungen, Gereiztheit, Ungerechtigkeit dem Partner gegenüber, das wurde uns nachhaltig klar, standen in direktem Verhältnis zur »falschen« Zugfahrt. Der Wechsel auf unseren eigenen Zug war natürlich nicht einfach, denn wir mußten etwas zurücklassen, das uns vertraut schien, auf das wir zunächst nicht verzichten wollten. Aber mittlerweile sind wir über diesen Punkt hinaus,

wissen, daß wir in eine Richtung fahren, an deren Ziel wir auf uns selbst warten und an »Gepäck« haben wir nur das, was wir persönlich tatsächlich auch brauchen, nicht das, wovon uns andere glauben machen, es zu benötigen. Manchmal fragen wir uns, weshalb unser Freundeskreis jetzt viel größer ist als vorher. Vielleicht liegt es daran, daß meine Frau und ich unserer Umwelt dieses Gefühl von größerer Harmonie und Einheit vermitteln. Mein Beruf macht mir auch weiterhin Spaß, nur auf einer anderen Ebene. Ich verkaufe meinen Kunden ja etwas, von dem ich weiß, für welche Zwecke man es auch benutzen kann (damit ist sein Traum-Tagebuch gemeint). Aber wer weiß, vielleicht stelle ich eines Tages meine bisher gewonnenen Erfahrungen aus der Traumarbeit einmal anderen zur Verfügung.

Kehren wir nun zu der Frage zurück, was bei Manfred Rossbauer und seiner Frau letztlich den deutlichen Wandel verursacht hat und wieweit er beispielsweise auch auf Ihre persönliche Situation übertragbar ist.

Die ersten Träume signalisierten Verunsicherung, Angst, Neugier, stark gekoppelt an die Sexualität. Hier sei noch einmal der Gedanke Jungs aufgegriffen, daß nur in der Sexualität die Erfahrung des ewig Gültigen möglich ist. Bei Renate Rossbauer tauchte die Scheidung auf, zwar nicht von ihrem eigenen Mann, sondern von einem völlig Fremden, der außerdem auch noch eine stark aggressiv-brutale Komponente trägt. Daß aber letztlich doch ihr Mann gemeint ist, signalisiert der Ehering, der ihr vom Hals gerissen wird, sozusagen als Rettung vor dem Ersticken. Ihr gesamtes Traumbild ist in einen Nackttraum verlegt, der – wie übrigens fast ausnahmslos alle Nackt-träume – eine ganz konkrete Situation beschreibt: das schutzlose Ausgeliefertsein.

Die Botschaft des Traumes lautet: Bevor du dich auf den

Weg zu dir selbst machen kannst, befreie dich von allem, was dir schadet.

Nun wäre es eine Verkennung der Tatsachen, zu behaupten, ihr Mann würde ihr schaden. Dahinter steckt all das Unausgesprochene zwischen den Ehepartnern, auch eine unbewußte Angst vor dem Männlichen schlechthin, sowie eine bisher nicht bewußte Angst vor einer Abhängigkeit durch die Ehe.

Renate Rossbauer muß sich also von ihren falschen Vorstellungen, die sich in unbewußten Bedrohungsängsten äußern, grundsätzlich freimachen. Aber das kann sie erst dann, wenn ihr diese diffusen Ängste bewußt geworden sind. Solange sie aber konsequent nichts an die Oberfläche ihres Bewußtseins gelangen läßt, muß sie in dem permanent belastenden Zustand verharren.

Deshalb hebt ihr Zentralspeicher diese Gefühlsebenen aus den tiefsten Schichten empor, benutzt die entsprechenden Symbole (wohlgemerkt die Symbole, die der Persönlichkeitsstruktur von Renate Rossbauer entsprechen) und schafft damit die Voraussetzung, daß zur Bewußtmachung und Verarbeitung ein konkreter Begriff entstehen kann. Jetzt weiß die junge Frau, wogegen sie etwas unternehmen muß, wenn sie ein Stück weiter auf dem Weg zu ihrem Selbst kommen will.

Auch ihr zweiter Traum offenbart eine ähnlich gelagerte unterschwellige Bedrohung: Sie fühlt sich in ihrer eigenen Wohnung beobachtet, kontrolliert, so, als müsse sie jemandem Rechenschaft ablegen. Leider geht aus ihrer Traumbeschreibung nicht hervor, wer genau sie mit dem Fernglas beobachtet. Aber eigentlich kann es wiederum nur sie selbst sein, ihre eigene Vergangenheit (Abitur ohne weiteres Studium oder Berufsausbildung) steht ständig wie ein zweites Ich neben ihr und fordert mehr, als nur die Familie und den Haushalt zu versorgen. Wenn Renate Rossbauer in ihrem Traumbild ein sichtbares Ereignis schafft, nämlich das brennende Haus, tut sie das ganz bewußt, aus sich selbst heraus. Feuer hat eine reinigende Funktion, durch seine enorme Kraft zerstört es Unbrauchbares und schafft so Raum für Neues. Die Flamme, die angeblich alles verzehrt, hat nur auf den ersten Blick eine rein zerstörerische Kraft, das Bild des Phoenix aus der Asche gibt die wahre Bedeutung sehr gut wieder.

Bereits die ersten beiden Träume zeigen ihr den einzig gangbaren Weg zu ihrem eigenen Selbst: Sie muß unnötigen Ballast abwerfen, daß heißt, ihre Beziehung zu Manfred auf eine Grundlage stellen, deren bestimmende Faktoren nicht aus ihrer Vorstellung oder Absicht entstehen, sondern aus der Überzeugung, daß die Verbindung zwischen zwei eigenständigen Selbst besteht.

Die Wirkung der beiden Träume war so stark, daß sie ein bisher ungeahnt offenes Gespräch zwischen ihr und ihrem Mann schon fast erzwungen hat. Gerade dieses Gespräch muß an dieser Stelle erwähnt werden, weil die ursprüngliche Absprache ja eine bewußte Auseinandersetzung mit den Traumereignissen ausgeschlossen hatte. Die Unterredung war natürlich nicht auf ein einziges Mal beschränkt, das konnte auch nicht sein, da viel zuviel aus dem Wege geräumt werden mußte, bis es tatsächlich möglich war, auf einer vorbehaltlosen Ebene miteinander zu reden.

Der schwierigste Konflikt äußerte sich erst im dritten Traum in geradezu dramatischer Weise. In ihm ging es nicht um korrekturbedürftige Beziehungsprobleme, sondern um die grundsätzliche Standortsuche ihres Lebens. Nicht ohne Hintersinn hat Renate Rossbauers Zentralspeicher gerade hierfür das Traumereignis um ihren Sohn gruppiert. Denn, das wird jede Mutter bestätigen, daß eigene Kind bleibt Zeit seines Lebens mit ihr verbunden. Die komplexe Symbolik dieses dritten Traumes ist auf den ersten Blick hin nicht so einfach zu verstehen. Aus diesem Grunde werden wir uns Schritt für Schritt herantasten, damit Sie den Vorgang in seiner ganzen Tragweite gut nachvollziehen können. Das entscheidende Symbol in diesem Traum ist das Wasser. Es taucht gleichzeitig in drei verschiedenen Zuständen auf, einmal klar und durchsichtig, dann im gefrorenen Zustand und schließlich vermischt mit Erde (Sumpf).

Wasser deutet nun grundsätzlich in einem Traum auf folgendes hin: Entweder befindet sich der Träumer bereits in einem Zustand der – mentalen, psychischen – Reinigung, oder er steht davor. Je bewegter das Wasser ist, desto intensiver der Reinigungsvorgang.

Für Renate Rossbauer aber besteht kein direkter Kontakt zum fließenden Wasser, ganz im Gegenteil. Sie befindet sich ja auf einem Gletscher, das heißt, auf gefrorenem Wasser. Die Bedeutung, die dahinter steckt, lautet: Der Reinigungsvorgang ist in sich eingefroren, erstarrt, unbeweglich. Im normalen Alltag spürt Renate Rossbauer dies als ständigen, allerdings nicht bewußt erlebten Drang, etwas für sich selbst zu tun – aber sie weiß nicht, was. Hier finden wir das gleiche Phänomen wie früher bereits ohne konkreten »Begriff« dessen, was in ihr vorgeht, bleibt sie handlungsunfähig. Diesen Zustand, der ihre Weiterentwicklung stark hemmt, signalisiert ihr der Zentralspeicher durch das Bild des Gletschers. Zur Verstärkung dessen taucht eine zweite Renate auf, mit deutlich aufforderndem Befehlston, etwas zu tun, bevor es zu spät ist: Der kleine Stefan ist – angeblich – in Lebensgefahr, denn es sieht ja so aus, als versinke er im Sumpf. Aber was ist das überhaupt für ein Sumpf?

Um es einmal sehr kraß zu formulieren: Dieser Sumpf symbolisiert die »verdreckte« Reinigung. Ich erwähnte ja bereits, daß hier auf mentale, psychische Reinigung der

Akzent zu legen ist. Erweitern wir diesen Vorgang mit einem anderen Begriff, dem der Revolte. Und nun wird alles deutlich. Die Träumerin projiziert ihre eigene, steckengebliebene Revolte gegen die Fremdbestimmung auf ihr Kind und gleichzeitig auf den Entwicklungszustand von Kindern allgemein. Weil sie den Weg zur Eigenbestimmung nicht gefunden hat, wird Stefan ihn auch nicht finden. Aus ihrer Situation heraus versucht sie nun, ihm zu helfen, aber sie hat nur ungeeignete, unwirksame Mittel zur Verfügung. Und erst, als sie über die spontane Erinnerung an ihre eigene Kindheit und ein Tauschspiel den eigentlichen Zusammenhang begreift, löst sie die Blockierung in ihrer eigenen Person und schafft dadurch die Dynamik, die zur Korrektur des Verhältnisses zwischen ihr und Stefan notwendig ist: Das Eis ist, im wahrsten Sinne des Wortes, gebrochen, sie erkennt ihre wahre Situation und dadurch die ihres Kindes. Aber wenn sie zunächst noch im verunreinigten Wasser, also in einem undurchsichtigen Reinigungszustand, steckt, ist doch darin die Bewegung, die Dynamik erkennbar. Stefan bietet ihr aus seiner klaren Situation heraus Hilfe an, die sie annimmt. Dadurch kommt sie aus ihrem Sumpf ins klare, durchsichtige Wasser der mentalen Reinigung. Und wenn sich Stefans Gesicht fortwährend verändert, so ist das ein Hinweis auf die Notwendigkeit, zur Lösung des Problems in die Kindheit »zurückzukehren«.

Drei Träume, ganz bewußt geschaffen, haben Renate Rossbauer den Weg beschrieben, den sie gehen muß, um ihr Selbst (wieder) zu finden. Der Lösungsvorschlag, den ihr Zentralspeicher angeboten hat, ist aus der Fülle der möglichen Lösungen der einzig richtige, denn sonst hätte ihr Zentralspeicher einen anderen Vorschlag gemacht. Sie muß ihn nicht akzeptieren und in die Wirklichkeit ihres Alltags übertragen.

Sie hatte eine Frage gestellt und ihr Selbst hat sie beantwortet: im Traum. Und genau das war ja der ursprüngliche Gedanke des Experimentes, zu demonstrieren, daß dies sehr wohl möglich ist, daß man also die Unvollkommenheit des eigenen Empfindens ergänzen kann, indem man seinem Zentralspeicher, seinem Selbst, die Gelegenheit schafft, »sich zu offenbaren«. Dies geschieht nicht in den Bahnen des von logischen Konsequenzen geprägten Denkens, sondern durch ein Denken in Bildern, von dem Sigmund Freud einmal gesagt hat: »Das Denken in Bildern ist nur ein sehr unvollkommenes Bewußtwerden. Es steht auch den unbewußten Vorgängen irgendwie näher als das Denken in Worten und ist unzweifelhaft ... älter als dieses.«
Dahinter steckt also die zeitlich größere Erfahrung, die sich nicht in den uns bekannten Begriffen zeigt, sondern in ihrer Bildersprache, also in den Symbolen.

Beschäftigen wir uns nun mit den Träumen, die das Leben von Manfred Rossbauer so nachhaltig verändert haben.
Auch bei ihm kommt die gewünschte Anwort nicht auf einmal, sondern baut sich langsam auf. Wie bei seiner Frau ist die erste Aussage direkt an die Sexualität gekoppelt, aber er weiß nicht, wie er sie in die bedrohliche Landschaft einbringen soll. Sein Gefühl von Potenz taucht zusammen mit dem der Isolation und einer in ihr vermuteten Bedrohung auf. Er ist allein, ganz auf sich gestellt. Hilfe ist nicht zu erwarten. Diese Bedrohung zeigt sich in einem ungewöhnlichen Bild: Die Farbempfindung enthält Dunkelrot-Braun, allerdings mit einer darin verborgenen Helligkeit, die er aber noch nicht genau lokalisieren kann. Aber sie ist da und signalisiert dadurch ihre einsetzende Wirkung: Das Helle gegen das bedrohliche Dunkel.
Die Intensität seines Traumerlebnisses ist so stark, daß sie

in den Alltag hinein wirkt. Manfred Rossbauer macht das durch, was man landläufig als Identitätskrise bezeichnet. Er verliert die Vorstellung von sich selbst. Dieser Prozeß, den sein Zentralspeicher ihm als erste, ausschlaggebende Lösung anbietet, ist von einer solchen Ausschließlichkeit, daß der Träumer in seinem zweiten Traumereignis seine Vorstellung von sich selbst personifiziert, also konkret und real macht, so daß er sie — ganz im Sinne der Beantwortung seiner Traumfrage — zu Grabe tragen kann. Nicht er wird beerdigt, sondern lediglich der Teil seiner Person, der der Weiterentwicklung, der Bewegung auf das Selbst zu, hinderlich ist. Und da er weiß, daß seine Frau sich gleichfalls auf diesen Weg gemacht hat, ist ihr Lächeln für ihn eine zusätzliche Bestätigung für die Richtigkeit des Ereignisses. Das Traumbild des Fliegens (für viele Traumdeuter Anlaß heftigster Spekulationen und Symbolbeladung) fügt sich nahtlos in die gesamte Szenerie: Wenn ich (Manfred Rossbauer) den gefährlichen Ballast (die Vorstellung von sich selbst) zurücklasse, bin ich frei und kann aus diesem Gefühl der Freiheit heraus die Dinge »von oben«, aus der Gesamtschau, sehen. (Wenn Sie im Traum fliegen können, signalisiert dies einen Zusammenhang zu einem noch nicht gelösten Problem ernster Natur. Die zurückgelassene Erde symbolisiert die im übertragenen Sinne »Schwere« des Problems.) Die Tatsache, daß Manfred Rossbauer aus seiner Vogelperspektive den Vorgang einer ihn »befreienden« Beerdigung beobachten kann, bedeutet für seine weitere Entwicklung: Ein wesentlicher Schritt ist bereits getan, liegt hinter mir.

Auch dieses Traumereignis hinterläßt im Alltag seine Spuren. Der eingeleitete Prozeß kann nicht in wenigen Wochen abgeschlossen sein. Wenn Sie ihn — bildhaft — mit einem Aufweich-Vorgang vergleichen, wird die langsame, aber unaufhörliche Bewegung sehr viel deutlicher.

Der dritte Traum zeigt nun eine verblüffende Ähnlichkeit zum dritten Traum seiner Frau: Auch hier spielt der gemeinsame Sohn Stefan eine wesentliche, dramaturgisch wertvolle Rolle.

Auch in diesem Traum gibt es Wasser. Bei Manfred Rossbauer ist es das Bild des rasch fließenden Flusses. Der dynamische Vorgang der mental-psychischen Reinigung hat eingesetzt und zeigt seine erste Wirkung: Der Träumer fühlt sich wohl, möchte immer hier stehenbleiben. Ja, er genießt die Situation. Aber ein Fluß trennt eine Landschaft, er schafft immer zwei Uferbereiche. Spätestens dann, wenn Manfred Rossbauer den Drang verspürt, den Fluß zu verlassen, muß er sich entscheiden – aber für welche Seite? Auf der einen zeigt sich das schon bekannte Farbsymbol mit der stärker werdenden Helligkeit – da steht noch undeutlich und immer noch »verwoben« mit der Bedrohung, sein eigentliches Selbst. Auf der anderen Seite aber winkt ihm Stefan zu, der eigentümlicherweise die Kleidung trägt, in der der Träumer zur Ersten Kommunion ging. Dieser Tag spielt im Leben eines Kindes eine unglaublich affektgeladene Rolle. Er ist tatsächlich ein Einschnitt, der zum ersten Mal den Begriff der Verantwortung in alle Handlungen und Überlegungen einbezieht. Dieser Tag ist – in den Augen des jeweiligen Kindes – gedacht als ein Tag der völligen »Reinheit«, des Eins-Sein mit sich und der Schöpfung.

Mit welcher Absicht schafft Manfred Rossbauers Zentralspeicher dieses Bild? Auf der einen Seite wartet sein Selbst, auf der anderen eine Erinnerung an sein Selbst.

Der Träumer muß sich jedoch für ein Ufer entscheiden. Und hier fällt Ihnen sicherlich die tiefere Bedeutung des Wortes »entscheiden« auf. Dahinter steckt prinzipiell die Trennung von etwas: Ich scheide mich von einer bestimmten Sache.

Manfred Rossbauer weiß noch nicht, wofür beziehungsweise wogegen er sich entscheiden soll. Interessanterweise projiziert aber auch er seine Vorstellung auf Stefan. Übrigens findet sich in seinem Traum-Tagebuch noch ein Nachsatz zu diesem letzten Traum:
Ich ahne in der Situation eine Bewegung, spüre, wie ich mich nicht zu Stefans Seite, sondern zur anderen Seite hin bewegen will.
Durch diese Ergänzung ist die weitere Entwicklung klar vorgegeben: Manfred Rossbauer bewegt sich auf sein Selbst zu, nicht auf die Erinnerung an sein Selbst.

Soweit die Besprechung und Analyse des Experimentes. Es hat, unabhängig von den persönlichen Erfolgen des Ehepaares, gezeigt, daß es sehr wohl möglich ist, die Traumwelt zur Bewältigung grundsätzlicher, existentieller Probleme und Schwierigkeiten einzusetzen. Aber dieses Experiment hat noch einen zusätzlichen Effekt gezeigt. Sie finden in den sechs Tagebuch-Eintragungen eine ganze Reihe von Traumsymbolen, von denen viele Traumdeuter behaupten, es handele sich um ganz eigenständige: der Traum von der eigenen Beerdigung, der Flugtraum, der Erektionstraum, der Nackttraum, der Trennungstraum.
Es hat sich aber in dem beschriebenen Experiment gezeigt, daß der Zentralspeicher diese Kategorien aus einem Verdeutlichungszwang schafft. Der Alptraum beispielsweise hat natürlich vordergründig die Funktion, Sie zu ängstigen. Nicht, weil es Ihrem Zentralspeicher Spaß machen würde, Sie in einen solchen Zustand zu versetzen, sondern weil in der jeweiligen Situation der Alptraum die einzige Möglichkeit darstellt, Sie mit allem Nachdruck auf ein massives Problem hinzuweisen. Leider »übersehen« die meisten Menschen diesen tieferen Aspekt des Alptraums, bleiben also lediglich an der Oberfläche, beschäftigen sich aus-

schließlich mit dem sicherlich scheußlichen Gefühl dieses Alptraums und übersehen dabei völlig, daß auch er lediglich ein Vehikel, ein Transportmittel ist, auf dem eine wichtige Botschaft befördert werden muß. Sie können schon davon ausgehen, daß Trauminhalt und Traumbühne zueinander passen, sich notwendigerweise ergänzen, im Sinne von Zugehörigkeit.

Ein langer, teilweise anstrengender Weg liegt hinter uns, seit wir die Senoi verlassen haben. Sie haben vieles erfahren, was Ihnen für Ihr eigenes Leben eine neue Perspektive geöffnet hat. Sie haben die Mechanismen kennengelernt, die Sie einsetzen müssen, um Ihre eigene Traumtür ganz weit zu öffnen, um die verlorengegangene Verbindung zwischen Ihrem Ich und dem Selbst wieder herzustellen. Sie wissen, daß aus diesem unterbrochenen Verhältnis ein ständiges Mangelgefühl resultiert, Sie wissen aber auch, daß und *wie* dieser Mangel behoben werden kann.
Sie haben die Grundlage, Ihre eigenen Träume in Ihrem Sinne zu deuten, die in ihnen steckende Botschaft zu enträtseln, zu entschlüsseln, um daraus die erforderlichen Konsequenzen für Ihren bewußten Alltag ziehen zu können.
Das Traumgeschehen als solches ist eingebettet in den Schlaf, unterbricht ihn in regelmäßigen Abständen für die Dauer von rund 20 Minuten. Was aber, wenn Sie zu den Mitmenschen zählen, die nicht gut schlafen können, die ständig Probleme mit dem Ein- oder Durchschlafen haben und deswegen auf der ewigen Suche nach dem Mittel sind, das den verlorengegangenen Schlaf wiederbringt?
Greifen wir also den Gedanken noch einmal auf und beschäftigen wir uns mit dem Problem Schlaf – Traum.

Der Traum vom Schlaf

Es erübrigt sich, das weitverbreitete Problem der Schlaflosigkeit anhand statistischer Untersuchungen zu belegen. Es zählt zu den charakteristischen Symptomen unserer Gesellschaft. Ich spreche hier nicht von der Schlaflosigkeit als Folge bestimmter Erkrankungen, sondern von der, die ohne ersichtlichen Grund auftritt. Wer unter diesem durchaus quälenden Symptom leidet, findet, wie er glaubt, keine Hilfe aus sich selbst heraus, sondern ausschließlich durch Hilfe von außen, in Form von Medikamenten. Doch von diesen soll hier nicht die Rede sein.
Hier geht es einzig um die Frage, *warum* das Phänomen der Schlafstörung überhaupt existiert, aus welcher Wurzel es sich speist. Denn daß es eine solche geben muß, haben wir immer wieder festgestellt, auch wenn es um scheinbar höchst komplizierte Zusammenhänge ging.
Was also muß seelisch geschehen sein, damit es zu dieser dramatischen Störung des normalen 24-Stunden-Rhythmus kommt? Denn eine solche liegt vor, sonst müßte es ja möglich sein, durch entsprechende Medikamente − nicht Schlafmittel! − den Ausgleich wiederherzustellen. Daß das nicht möglich ist, bestätigt Ihnen jeder Betroffene. Machen wir uns also gemeinsam auf den Weg, um die Ursache der Schlaflosigkeit herauszufinden und sie zu beseitigen. Es wird ein mühevoller Weg, der Ihnen hier und da bestimmt nicht zusagt.
Um eine wesentliche Aussage gleich vorweg zu schicken: Hilfe gegen Schlaflosigkeit kann nicht von außen erfolgen. Der Angriffspunkt, der allem zugrunde liegt, entzieht sich einer »Wirkstoff-Manipulation«, er ist in der seelischen

Struktur des Betroffenen tief und fest verankert – und die ist aus dem Gleichgewicht geraten und hat sich sozusagen in der »falschen Statik« wieder stabilisiert. Es gilt also, den Auslöser für diese Verschiebung zu finden. Wenn wir ihn kennen, wissen wir auch, wie wir mit ihm umgehen müssen, um wieder ins Gleichgewicht zurückkehren zu können.
Ich möchte Ihnen an einem einfachen Beispiel erläutern, wo die wesentliche Ursache lokalisiert werden kann:
Stellen Sie sich bitte jemanden vor, der aus – zunächst – unbekanntem Grund eine ausgeprägte Angst vor der Dunkelheit hat. Er wird, um »überleben« zu können, jede Gelegenheit meiden, die mit der Dunkelheit zu tun hat, er wird mit allen zu Verfügung stehenden Mitteln immer wieder versuchen, die bedrohende Dunkelheit aus seinem bewußten Denken zu verbannen, abzudrängen. Er weiß zwar, daß er von der Angst (und ihren Folgeerscheinungen) abhängig ist, denn sie bestimmt ja sein Denken pausenlos, aber je massiver er diese Abhängigkeit spürt, desto massiver »verlagert« er sein gesamtes Tun und Handeln auf die Zeit der Helligkeit, also auf den normalen Alltag. Je näher es nun auf die Zeit der Dämmerung zugeht, desto ausgeprägter zeigen sich die Abwehrmechanismen. Und mit denen fühlt er sich ja auch nicht wohl, also greift er zur »rettenden« Tablette und überläßt sich ihrer Wirkung – er hat die Verantwortung abgegeben.
Übertragen Sie nun den gleichen Verdrängungsvorgang auf das Problem der Schlaflosigkeit.
Auch hier spielt die Angst die auslösende Rolle, aber nicht die direkte Angst vor der Dunkelheit, sondern die Angst vor dem Ausgeliefertsein.
Nun werden Sie möglicherweise fragen, Ausgeliefertsein – schön und gut, aber an wen oder an was?
Die Antwort ist ebenso einfach wie verblüffend: Im Schlaf

sind Sie sich selbst ausgeliefert — genauer: Ihrer Angst. Schlüsselt man ernsthafte Statistiken über die Schlaflosigkeit auf, um herauszufinden, welche Altersgruppen besonders unter ihr leiden, so ergibt sich ein erschreckendes Bild: Es sind hauptsächlich die, von denen immer behauptet wird, sie stünden doch mitten im Leben, also die Gruppe der etwa 40 — 60jährigen. Frauen sind häufiger betroffen als Männer. Fast schon zwangsläufig ergibt sich die nächste Aussage: Alleinstehende leiden stärker unter Schlaflosigkeit als Verheiratete.

Der arg strapazierte Begriff der Lebenskrise schwingt hier mit hinein: Die unter der Schlaflosigkeit Leidenden stellen nämlich fest, daß das, was sie bis zu diesem Zeitpunkt aufgebaut haben, sich nicht mehr mit dem in Übereinstimmung bringen läßt, was sie vor Jahrzehnten vielleicht als erstrebenswert erachtet hatten. Das Begriffspaar: Eigenbestimmung — Fremdbestimmung schlägt hier in seiner kompromißlosen Wirkung voll durch. Für den Betroffenen kaum spürbar, entfernt sich die Entwicklung immer mehr von der Eigenbestimmung hin zum Sich-Entwickeln-Lassen. Die Folge daraus kann katastrophale Formen annehmen: Aufgabe des Selbst zugunsten einer nicht mehr durchschaubaren Struktur, in die hinein man zu leben gezwungen ist. Und vor lauter Anpassungsmechanismen »vergißt« man sein Selbst — bis der Zeitpunkt erreicht ist, an dem dieses Selbst sich unüberhörbar meldet: Die Krise ist da. Sie kommt nicht heimlich über Nacht, sondern kündigt sich durch viele Einzelfaktoren an. Diese können sein: permanente Unzufriedenheit, partnerschaftliche Probleme, berufliche Hindernisse. Aber diese Warnsignale werden vor lauter Anpassungszwängen rigoros abgeblockt, »versuchsweise« nicht zur Kenntnis genommen. Ja, und dann ist es eines Tages soweit: Die Krise läßt sich nicht mehr verheimlichen, das ursprünglichere Selbst macht einen letzten, verzweifelten Versuch, wieder die Bedeutung zu bekommen, die ihm gebührt. Wie verzweifelt diese Konfrontation ist, zeigen die Folgen: Herzinfarkt, Potenzstörungen, Krebserkrankungen usw., die Reihe läßt sich fast beliebig erweitern. Aber ein Merkmal muß an dieser Stelle natürlich besonders hervorgehoben werden: die Schlaflosigkeit.

Dahinter steckt die blanke Angst vor den belastenden Schatten der eigenen Vergangenheit, die Furcht vor der Konfrontation mit den eigenen Wünschen und Hoffnungen an die Zukunft, die sich in diesem Stadium als nicht verwirklicht offenbaren. Da nutzen auch noch so geschickte Ablenkungsmanöver nichts mehr, wie Flucht in neue, »unverbrauchte« Aktivitäten, wie die plötzliche Entdeckung der Freizeit, die man unbedingt wieder füllen muß, nicht mit dem, was aus den unbewußten Schichten der Person hochkommen will und muß, sondern mit dem, was den größten Wirkungsgrad an Ablenkung garantiert.

Aber der Abend kommt wieder, und damit die Angst, nicht schlafen zu können. Der Griff zur Tablette verlangt keinerlei Anstrengung und nur in der ersten Zeit eine als gering empfundene Überwindung. Und der gewünschte Erfolg stellt sich ja auch ziemlich prompt ein: Man kann wieder schlafen. Daß man dies langfristig mit einer langsam steigenden Höherdosierung des Wirkstoffes erkaufen muß, wird hingenommen, zwar unter Protest, aber es wird akzeptiert.

Sicherlich ist dies auch eine Möglichkeit, den erbitterten Kampf zwischen dem Ich und dem Selbst auszufechten. Es ist allerdings eine brutale Möglichkeit, bei der ohne Zweifel das Selbst unterliegen wird. Anstatt eine klar erkannte Abhängigkeit zu lösen, wird eine neue geschaffen, die dann allerdings »haltbar« ist, bis ans Lebensende. Der neue Teufelskreis, den man schafft, fügt sich nahtlos in die

Reihe der bereits vorhandenen Teufelskreise ein. Und die funktionieren ja eine Zeitlang. Was aber, wenn die Mittel, die notwendig sind, diese Teufelskreise im stabilen Gleichgewicht zu halten, plötzlich nicht mehr da sind? Wer oder was hilft dann?
Ist das dann der Anfang vom Ende? Der Beginn des chaotischen Zusammenbruchs, der immer wieder prophezeit wird?
Damit sind wir wieder am Kernpunkt dieses Buches, den Träumen, angelangt. Nur sie, das heißt, der Bereich, den sie repräsentieren, kann uns wirklich weiterhelfen. Solange wir glauben, Probleme nur da lösen zu können, wo unsere eigene Verantwortung nicht existiert, stabilisieren wir nur den Teufelskreis, aus dem aber jeder einzelne von uns ausbrechen möchte und auch letztlich ausbrechen muß!
»Wohin ich gehe, nehme ich mich mit«, diese tiefe Weisheit gilt, und daran besteht nicht der leiseste Zweifel, in verstärktem Maße für die ursächliche Entstehung von Konflikten und Problemen. Die Schlaflosigkeit ist ein sehr überzeugender Beweis hierfür. In der Stille der Nacht, in der Abgeschirmtheit durch das Dunkel, sind wir ganz bei uns, nicht mehr ablenkbar. Und dann steigen die Bilder auf, die Wünsche, Ängste, Schuldgefühle und – die Angst vor der Angst. Wehe dem, der dann einschläft, er wird in seinen Träumen durch eine real empfundene Welt des Grauens und Entsetzens gejagt, erbarmungslos, ein Entrinnen ist nicht möglich. Das, was ich als unseren Anteil an der Urwirklichkeit bezeichnet habe, wird erbarmungslos während des Tages unterdrückt. In der gleichen Intensität geschieht nun während des Traums das gleiche – mit umgekehrten Vorzeichen. Der Anteil an der Wahrheit sucht sich seinen Weg in unser Traumbewußtsein. Und je mehr wir verdrängt haben, desto stärker werden die Bilder, um so dramatischer unsere Traumbühne.

Die Angst, wieder Zuschauer sein zu müssen bei der eigenen »Hinrichtung«, ist so ungeheuer stark, daß sie alles unternimmt, uns am Einschlafen zu hindern. Vielleicht kennen Sie das hochexpressive Schauspiel *Elektra* von Hugo von Hofmannsthal. Eine der Hauptpersonen, Klytemnästra, beschreibt in einem Dialog mit der von ihr gehaßten Tochter, die Angst vor dem Schlaf und die Angst vor den Träumen:

Ich habe keine guten Nächte. Weißt du kein
Mittel gegen Träume?
. . .und doch kriecht zwischen Tag und Nacht,
wenn ich mit offnen Augen lieg', ein Etwas
hin über mich. Es ist kein Wort, es ist
kein Schmerz, es drückt mich nicht, es würgt
mich nicht,
nichts ist es, nicht einmal ein Alb, und dennoch
es ist so fürchterlich, daß meine Seele
sich wünscht, erhängt zu sein, und jedes Glied
in mir schreit nach dem Tod, und dabei leb' ich
und bin nicht einmal krank: du siehst mich
doch:
seh ich wie eine Kranke? Kann man denn
vergehn, lebend, wie ein faules Aas?
Kann man zerfallen, wenn man gar nicht
krank ist?
Zerfallen wachen Sinnes wie ein Kleid,
zerfressen von den Motten? Und dann
schlaf' ich
und träume, träume, daß sich mir das Mark
in den Knochen löst, und taumle wieder auf,
und nicht der zehnte Teil der Wasseruhr
ist abgelaufen, und was unterm Vorhang
hereingrinst, ist noch nicht der fahle Morgen,
nein, immer noch die Fackel vor der Tür,

> die gräßlich zuckt wie ein Lebendiges
> und meinen Schlaf belauert.
> Diese Träume müssen
> ein Ende haben. Wer immer sie schickt,
> ein jeder Dämon läßt von uns, sobald
> das rechte Blut geflossen ist.
> . . .ich will nicht länger träumen.

Gewaltiger und wuchtiger läßt sich das Problem nicht schildern. Da erübrigt sich meiner Meinung nach auch jeder Kommentar, so daß gleich die Frage gestellt werden kann: Was können wir tun, um eine solche Katastrophe abzuwenden?

Die Antwort ist recht einfach: Wir müssen unserem Selbst, also unserem Anteil an der Urwirklichkeit, gestatten, sich in uns und durch uns zu verwirklichen. Und dazu setzen wir die Traumarbeit ein. Um das zu können, müssen wir aber, im biologischen Sinne, überhaupt richtig schlafen.

Ein Fachmann auf dem Gebiet der physiologischen Schlafforschung ist der bereits erwähnte Würzburger Mediziner Dr. Dr. U. J. Jovanović. In seinem Institut für Chronomedizin untersucht er die biologischen Rhythmen des Menschen. Auf diese Biorhythmen brauche ich hier nicht näher einzugehen, denn es ist mehr als einleuchtend, daß sämtliche Lebewesen verschiedenen Schwankungen ausgesetzt sind, deren Wirkung unseren Tagesablauf und darüber hinaus, unser gesamtes Leben bestimmt. Tag und Nacht, die vier Jahreszeiten sind einfache Beispiele für die allem zugrunde liegende Rhythmik. Uns interessiert natürlich im besonderen die Tagesrhythmik, das heißt, die periodischen Schwankungen, die unseren 24-Stunden-Tag bestimmen. Störungen dieser Rhythmik sind möglich und die häufigste ist die Schlaf-Wach-Störung.

In der Bundesrepublik sind etwa 25 Prozent der Gesamtbevölkerung betroffen, in den Vereinigten Staaten sogar über

30 Prozent. Für rund 15 Millionen Bundesbürger erweist sich der Traum vom Schlaf also als »Alptraum«, wobei man mit Sicherheit davon ausgehen kann, daß der tatsächliche Anteil der an Schlaflosigkeit Leidenden beträchtlich höher liegt.

Sie finden im Anhang eine Tabelle, aus der einwandfrei hervorgeht, daß die 24 Stunden unseres Tages ständig von Hochs und Tiefs geprägt sind und daß es nicht nur während der Nacht Traumphasen gibt, sondern ebenfalls am Tage. Diese Phasen zeigen sich in einer herabgesetzten Wachsamkeit. Während dieser Zeiten sollten Sie also keine wichtigen Arbeiten oder Entscheidungen planen. Prägen sie sich die unterschiedlichen Zeiten gut ein, Sie helfen Ihnen, den Alltag einfacher und effektiver zu gestalten. Wenn Sie nämlich die Tageszeiten, während derer Ihr Bewußtsein mehr oder weniger auf »Sparflamme« arbeitet, rigoros, oder auch aus Unwissenheit, nicht zur Kenntnis nehmen, handeln Sie genauso, als würden Sie Ihre Traumphasen bewußt unterdrücken.

Leben Sie also nach diesem Tagesrhythmus, schwingen Sie sich widerstandslos in diese Wellenbewegung ein. Nirgendwo steht beispielsweise geschrieben, daß Sie während der acht oder neun Arbeitsstunden stets die gleiche Höchstleistung erbringen können. Verlegen Sie die wichtigeren Arbeiten in die Phasen der höchsten Konzentration und die übrigen in die Zeiten der herabgesetzten Konzentrationsfähigkeit.

Sobald Sie sich an diese Periodik gewöhnt haben, ist eine der wesentlichen äußeren Voraussetzungen erfüllt, die Ihnen den »verdienten« Schlaf wiederbringt.

Wenn Sie Ihre augenblickliche Situation durchdenken und zu dem Ergebnis kommen, daß Sie nicht in Harmonie zu Ihrer Tagesperiodik leben, sollten Sie unbedingt Abhilfe schaffen. Auch Ihre Biorhythmen sind ein Teil Ihrer Gesamtpersönlichkeit.

Das Gesetz der Harmonie besagt, daß die Einzelfaktoren in einem genau definierten Verhältnis zueinander stehen müssen. Es hat also wenig Zweck, lediglich einen störenden Einzelfaktor isoliert in ein größeres Harmonieverhältnis zu bringen. Der Eindruck von Disharmonie wird dadurch nur größer. Das Zitat aus *Elektra* zeigt unmißverständlich die Konsequenz aus einer falschen, nicht an den Notwendigkeiten der eigenen Person gemessenen, Alltagsbewältigung.

Der Traum vom Schlaf braucht kein Alptraum zu sein. Er kann ganz im Sinne der bisher vorgestellten Bereiche seine aufbauende, positiv verarbeitende Funktion erfüllen – aber nur, wenn Sie ihm die Voraussetzungen dazu selbst schaffen. Wenn negative Träume ein Warnhinweis auf falsch be- und verarbeitetes Erleben sind, ist die Schlaflosigkeit ein Hinweis auf eine grundsätzliche Statik-Verschiebung zu Ungunsten der Schlafperiodik.

Zur nochmaligen Verdeutlichung dieses Vorgangs greife ich ein bekanntes Symptom auf, unter dessen Folge wir alle, mehr oder weniger ausgeprägt, irgendwann in unserem Leben zu tragen haben: ein Bandscheibenleiden. Daran lassen sich in erstaunlicher Art und Weise die »Statik-Verschiebung« und auch ihre folgenschweren Konsequenzen nachvollziehen: Sobald Sie Probleme mit Ihrer Wirbelsäule haben, korrigieren Sie Ihre gesamte Körperhaltung, die dann größere Schmerzfreiheit garantiert. Daß Ihr Knochengerüst dadurch im Laufe der Zeit schief wird, muß scheinbar in Kauf genommen werden. Und irgendwann haben Sie sich so sehr an das Schiefe gewöhnt, daß es Ihnen gar nicht mehr auffällt, geschweige denn, bewußt wird. Erst dann, wenn das ursächliche Symptom sich verschlimmert, kommt die »Last mit dem schiefen Kreuz« zutage. Aber dann hilft oft nur noch ein Radikaleingriff.

Übertragen auf den seelischen Vorgang stellt sich die

Frage, wie denn überhaupt ein solcher Radikaleingriff aussehen könnte. Eine Veränderung der Persönlichkeit durch chemische Wirkstoffe wäre sicherlich eine Möglichkeit, aber keine brauchbare im Hinblick auf Harmonisierung Ihrer Persönlichkeit.

Und damit sind wir wieder da, wo wir von den Senoi lernen können: Konflikte in ihrem Anfangsstadium zu erkennen, mit dem geeigneten Hilfsmittel die konfliktfreie Basis zu schaffen — wenigstens, was die eigene Person angeht. Wir leben anders als die Senoi, sind hochdifferenzierten Strukturen ausgeliefert, die uns nicht passen, gegen die wir aber nichts mehr unternehmen können. Um so wichtiger ist also die Therapie des eigenen Ich — des Selbst.

Nun sind Schlafstörungen in vielen Fällen derart kompakt, daß es ein ziemliches Stück Eigenarbeit bedeutet, in sie einzudringen.

Zunächst besteht Ihre Aufgabe darin, Ihren persönlichen Tagesrhythmus zu akzeptieren, sich ihm anzugleichen und nicht da Sperren aufzubauen, wo absolut keine sein dürfen. Der Erfolg allein dieser Bemühung wird Sie mehr als entschädigen, denn das vordergründige Ergebnis ist größere Ausgeglichenheit, eine spürbare Zunahme an Belastungsfähigkeit und natürlich ein eher »verdienter« Schlaf. Auf dieser Grundlage bauen Sie dann ganz konsequent Ihr Schlafproblem ab. Dazu sind vielleicht die folgenden Tips ganz nützlich:

Legen Sie sich nicht zum Schlafen hin, wenn Sie gar nicht müde sind. Orientieren Sie sich nicht so sehr an der Uhr, sondern an Ihrem tatsächlichen Bedürfnis, auch wenn es Ihrer Meinung nach schon mitten in der Nacht ist.

Wenn Sie dann im Bett liegen und nicht einschlafen können, sagen Sie sich vor: Ich darf auf keinen Fall einschlafen, ich muß unbedingt wach bleiben! Damit entschärfen Sie die Situation, denn unbewußt handeln Sie ja so, als ob

Sie nun wirklich nicht einschlafen dürften. Also setzen Sie diesem unbewußten Drang keinen Widerstand entgegen.
Arbeiten Sie verstärkt mit Ihrem Traum-Tagebuch. Es verrät Ihnen unbestechlich, wo Sie ansetzen müssen, um weiterzukommen. Wenn Sie Ihre Träume begreifen, begreifen Sie sich selbst. Der Umgang mit dem Traum-Tagebuch sollte unbedingt in die Abendstunden verlegt werden. Vermeiden Sie – wenigstens in der Zeit der Eingewöhnung – jede von außen kommende, also nicht selbst produzierte Aufregung oder Spannung.
Beschäftigen Sie sich mit besonders auffälligen Traumbildern der letzten Nacht oder der letzten Tage. Gehen Sie Wort für Wort noch einmal durch. Und nehmen Sie dann die markantesten von ihnen als Traumanregung mit.
Wenn Sie die Grundgedanken in Ihre Traumanregung einfließen lassen, werden Sie in Ihr Traum-Tagebuch eine ungewohnte Serie von Traumereignissen notieren, die nicht mehr mit dem vorgestellten Verarbeitungsschema gedeutet werden können, weil sich auf dieser Traumbühne etwas ereignet, das mit Ihnen und Ihrem individuellen Leben nur noch eine einzige Gemeinsamkeit aufweist: Die Urwirklichkeit offenbart sich Ihnen. Bei diesen Traumereignissen geht es nicht mehr um Vergangenheits- oder Gegenwartsbewältigung eines persönlichen Lebens, sondern um das »Durchscheinen« der allumfassenden, alles durchdringenden, unteilbaren Wahrheit, von der Sie ein Teil sind.

Der Traum von der falschen Verantwortung

Im letzten Kapitel habe ich aufgezeigt, welcher Mechanismus sich hinter der Schlaflosigkeit verbirgt. Ich habe aber auch aufgezeigt, mit welchem Gegenmechanismus Sie jenes auslösende Element langfristig entschärfen können. Dabei ist Ihnen sicherlich aufgefallen, daß es hierbei nicht um irgend etwas geht, das Sie so beiläufig zwischen Tür und Angel hinter sich bringen können.
Was aber, wenn Sie nun der Meinung sind, Ihre Schlaflosigkeit − um zunächst bei dem Beispiel zu bleiben − habe ganz andere Ursachen?
Eigenartigerweise drängt es viele von uns, sich als Ausnahme der allgemein verbindlichen Gesetzmäßigkeit zu betrachten: Bei den anderen, da ist das so, aber bei mir ist das ja viel komplizierter. Ich lebe in Harmonie mit mir selbst und mit meinen Mitmenschen. Ich opfere mich doch für andere auf, versuche, ihre Probleme zu lösen, tue doch eigentlich alles, damit es den anderen gut geht. Und vor lauter Verantwortungsgefühl bin ich in einer solchen nervlichen Anspannung, daß ich schon deshalb nicht schlafen kann.
Aber − wer übernimmt denn die Verantwortung für Sie? Sie selbst sind ja viel zu sehr mit der Verantwortungs-*übernahme* beschäftigt, da bleibt gar kein Raum mehr für die eigene Verantwortung.
Wieso sind Sie eigentlich für irgend jemanden verantwortlich und sollte irgend jemand für Sie verantwortlich sein?
In dem Begriff der Verantwortung steckt ja ein anderer Begriff: die Antwort oder, als Verbum, das Antworten.

Wer also antwortet worauf? Wer übernimmt die Konsequenzen dieser Antwort?
Sie erinnern sich an das Experiment mit der Familie Rossbauer. In den geschilderten Traumbeispielen ging es im eigentlichen, tieferen Sinne ja ausschließlich um die Verantwortung, nämlich die Antwort auf die Fragen des Selbst zu finden. Natürlich ist es einfacher, Antworten für andere zu finden als für sich selbst.
Sowohl Manfred als auch Renate Rossbauer waren auf ihrer Traumbühne die Hauptakteure. Die Dekoration war so gebaut, daß sich die Deutung grundsätzlich nur aus dem jeweiligen Träumer entwickeln konnte. Von außen kam keine Antwort.
Die Traumsequenzen waren so angelegt, daß das Gefühl intensiver Harmonie sich erst über die Bereitschaft, die Antwort auf sich selbst zu finden, also die Verantwortung für sich selbst zu übernehmen, einstellte. Ganz konkret und nachvollziehbar zeigte sich dies in der Tatsache, daß Manfred Rossbauer seinen Beruf mit mehr Freude ausübte, daß er sich wohler fühlte. Kein Wunder, denn Harmonie und Ausgeglichenheit üben eine fast schon magische Anziehungskraft aus. Und die dokumentiert sich im größeren Freundes- und Bekanntenkreis der Familie.
Bevor Sie also immer nur Antworten (Verantwortung) für andere entwickeln, müssen Sie zunächst einmal die Verantwortung für sich selbst, und zwar mit allen Konsequenzen, übernehmen können. Daß Ihren Träumen bei dieser Aktivität eine ganz besonders wesentliche Funktion zukommt, wissen Sie.
Führen Sie also Ihr Traum-Tagebuch aus dieser Perspektive. Sie werden feststellen, daß sämtliche Traumszenarien immer wieder auf den gleichen Punkt zurückzuführen sind: die Konfrontation Ihres Selbst mit Ihrem Ich.
Sie werden auch bei der Beschäftigung mit den einzelnen

Traumelementen sehen, daß »die anderen« immer nur eine begleitende Funktion erfüllen: Sie machen Ihnen klar, was geschieht, wenn Sie Ihr eigentliches Lebensproblem immer wieder, mehr oder weniger geschickt, auf andere projizieren und übertragen, um so den ablenkenden Ausgleich zu haben: Solange ich die Schuhe anderer Menschen putze, kann ich meine eigenen nicht putzen. In dieser Hinsicht erfüllt das Traum-Tagebuch gleich mehrere Aufgaben:
Es ist Ihre Lebensbeschreibung, nicht nach den Maßstäben der kalkulierenden Vernunft, sondern nach dem einzig gültigen Maßstab Ihrer ureigensten Entwicklung. Es zeigt Ihnen kompromißlos die Klippen und Hürden, die Sie noch zu überwinden haben. Es spiegelt Ihr Verhältnis zur »richtigen« Verantwortung für Ihren konkreten Lebensraum wieder.
Sie können natürlich Ihre Traumbilder auch zeichnen. Es geht ja nicht um künstlerische Leistungen, sondern um Sichtbarmachung dessen, wofür Sie vielleicht keinen überzeugenden Begriff finden. Und in solchen Fällen ist es sinnvoller, ein ganz einfach gezeichnetes Abbild aufs Papier zu bringen.
Wenn es Ihnen ähnlich wie der Familie Rossbauer geht, daß Sie also in der ersten Zeit den Eindruck haben, gar nichts in ihr Traum-Tagebuch schreiben zu können, weil Sie sich an nichts erinnern, sollte das wirklich kein Grund sein, den Plan ganz fallenzulassen. Die bewußte Traumanregung, jeden Abend praktiziert, zeigt ihre Wirkung – das gilt grundsätzlich.
Wenn dann die ersten Eintragungen gemacht sind, wenn also die Brücke zwischen Ihrem Bewußten und Unbewußten begehbar geworden ist, werden Sie sich an immer mehr Träume erinnern. Und dann erübrigt sich auch eine Frage, die Sie vielleicht jetzt noch stellen möchten, nämlich die: Woher weiß ich denn, ob es sich um einen wichtigen oder

einen unwichtigen Traum gehandelt hat? Sie werden es ganz einfach *wissen!*
Welche Technik Sie auch immer anwenden, Ihr Traum-Tagebuch zu führen, bleibt Ihnen überlassen. Unsere technisierte Zeit bietet fast für jeden das passende Medium: Papier und Bleistift, Tonband oder den Kleincomputer.
Als vor 4000 Jahren der erste, uns bekannte Traumbericht aufgeschrieben wurde, gab es lediglich die Keilschrift, die in Tontafeln eingeritzt werden mußte. Dieser älteste Traum der Menschheit stammt aus Babylon, der Träumer heißt Gilgamesch, und mit dieser Traumdeutung beginnt die Geschichte der »offiziellen« Traumdeutung überhaupt.

Streiflichter zur Geschichte der Traumdeutung

Die abenteuerliche Geschichte von Gilgamesch und seinem Freund Enkidu ist die älteste bekannte Geschichte der Menschheit überhaupt.
Die Gilgamesch-Sage bietet aber noch eine Besonderheit. In ihr spielen Träume eine ganz erhebliche Rolle. An einer Stelle der Sage bittet Gilgamesch: »*Oh, Berg, bring uns Träume.*« Er braucht diese Träume, weil sich in ihnen die Gottheit offenbart. Bleiben wir bei der Terminologie des vorliegenden Buches, so finden wir den gleichen Grundgedanken: Das Selbst (die Gottheit) offenbart sich durch den Traum, und da es ja einen Teil der gesamten Schöpfung ausmacht, offenbart sich also im Traum des Gilgamesch nicht nur sein Selbst, sondern die gesamte geordnete Struktur der Schöpfung.
Seit Gilgamesch sind 4000 Jahre vergangen. Die unterschiedlichsten Denkansätze zur Deutung der Funktion der Träume sind aufgetaucht, haben ihren Höhepunkt erreicht und sind wieder untergegangen. Jede Zeit, jede Menschengeneration hat ihr Deutungsschema entwickelt, das mehr oder weniger in die Gesamtschau dieser Zeit eingefügt werden konnte.
Im wesentlichen lassen sich zwei Hauptrichtungen voneinander trennen: die abendländische und die östliche.
In den alten Hochkulturen des Vorderen Orient lassen sich die ersten, konkreten Traumbücher nachweisen. Es reicht für den Zweck dieses Buches, einige Besonderheiten herauszugreifen. Ansonsten steht dem interessierten Leser eine reichhaltige Auswahl an Büchern zur Geschichte der Traumdeutung zur Verfügung.

Ganz besonders nachdrücklich möchte ich auf die Situation im Alten Ägypten hinweisen. Hier finden Sie – im Zusammenhang mit dem Totenkult – eine solche Fülle an Anregungen und Gedanken, die leider erst Jahrtausende später wieder in das moderne Denken übernommen worden sind. Aber das Traumerbe, das die Griechen von den Ägyptern übernahmen, war schon verwässert, wir würden heute einen anderen Begriff dafür nehmen: nämlich den der Verwissenschaftlichung. Träume wurden aufgeschrieben, analysiert, und die Ergebnisse wurden dann durch den Beruf des »Traumdeuters«, der natürlich eine besonders »magisch orientierte« Rolle spielte, gegen Bezahlung weitergegeben.

Viel zu wenig bekannt ist die Tatsache, daß die großen griechischen Philosophen Pythagoras, Aristoteles und Sokrates, aber auch Platon den Traum und seine Bedeutung zum Gegenstand ihres »Nachdenkens« gemacht haben. Während Platon der Ansicht war, Träume seien von den Göttern gesandte Zeichen für Zukünftiges, ging Aristoteles (Schüler Platons) einen wesentlichen Schritt weiter. Er meinte, daß ein Traumereignis die psychisch-seelische Fortführung dessen sei, was im Wachzustand begonnen hatte.

Von Sokrates schreibt Platon, dem wir unsere Kenntnisse über Sokrates verdanken, daß dieser Zeit seines Lebens eine Traumstimme vernahm, die ihm nie etwas Falsches gesagt habe ». . . bis heute offenbarte mir die Stimme nie etwas Unrichtiges« Sokrates gab seiner Stimme auch einen Namen, er nannte sie Daimonion (unser Wort Dämon geht darauf zurück). Weiter ist von Sokrates überliefert, daß er häufig einen Traum gehabt hat, in dem er aufgefordert wurde: Mache Musik, Sokrates, Musik!

Was ist Musik aber anderes als Harmonie?

Die Traumbotschaft, die Sokrates' Selbst hier überbringen

wollte, lautet demnach: Mache (im Sinne von Lebensbewältigung) dich mit der Harmonie des Ganzen, der unteilbaren Wahrheit, vertraut.

Aus der alten Zeit ist noch ein Name zu erwähnen: Artemidoros. Er lebte etwa 200 nach Christus in Ephesus, war von Beruf Traumdeuter und hat uns eine Fülle interessanter Traumaufzeichnungen hinterlassen, die aber durch allzu häufiges Abschreiben entstellt sind. Wir wissen jedoch, daß gerade Artemidoros sich mit der gesamten Lebensgeschichte eines »Kunden« beschäftigt hat, also eine vorweggenommene Form der späteren Psychoanalyse, als deren Begründer Freud, Adler und Jung gelten. Jeder von ihnen hat auf seine eigene, unverwechselbare Art und Weise zur Deutung der Traumwelt beigetragen. Für Freud waren Träume von einer so eminenten Bedeutung, daß er die Traumarbeit – wesentlicher Bestandteil der Psychoanalyse – gar als via regia (Königsweg) bezeichnete. Daß Freud ebenso wie die anderen dem Grunddenken seiner Zeit verhaftet war, also der spätbürgerlichen Gesellschaft, darf nicht dazu führen, seine Leistungen auf dem Gebiet der Traumforschung herabzusetzen. Sicherlich mag man darüber diskutieren, ob Freuds Grundgedanke, die Lusttheorie, ausreicht, um das Wesen der Träume ausschöpfend zu begreifen. Denn durch das Lustprinzip engt Freud die Bedeutung der Träume ein.

Adler legte all seinen Überlegungen einen hochinteressanten Gedanken zugrunde: den der Minderwertigkeit und eines daraus resultierenden Strebens nach Ausgleich und, letztlich, erzwungener Harmonie.

Erst Jung schaffte den entscheidenden Duchbruch. Er führte das Traumgeschehen ganz konsequent durch die »Enge« der menschlichen Individualität und entdeckte das dahinterliegende Land des alle Menschen verbindenden (kollektiven) Unbewußten und dessen Symbolen.

Der Weg der abendländischen Traumforschung und Traumdeutung ist kein gerader, ebener gewesen. Allzu häufig wurden Argumente der Vernunft eingesetzt, um rigoros alles das auszuschalten, was in »des Menschen Hirn nicht paßt«.
Daß es auch einen anderen Weg gegeben hat, soll ein kurzer Hinweis auf die östliche Geschichte der Traumforschung demonstrieren.
Viele Personen praktizieren Yoga oder eine andere östliche Meditationstechnik. Warum wird keine Meditation praktiziert, die aus der abendländischen Tradition stammt? Es scheint also etwas in der gesamten fernöstlichen Denkart zu stecken, das stärker ist als unsere überlieferten Denkhilfen. Was kann das sein?
Sie erinnern sich an mein Beispiel der beiden Seiten einer Münze. Erst beide zusammengenommen ergeben ein Ganzes. Nun ist bekannt, daß das westliche und östliche Denken sich grundsätzlich voneinander unterscheidet. Während der Westen im Verlauf seiner gesamten Geschichte stets versucht hat, das Äußerliche, Materielle zu durchleuchten, zu begreifen und in Regelbares, Gesetzmäßiges zu übertragen, lag der Akzent im Osten immer auf der Suche nach dem, was Innen, im Menschen selbst ist. Deshalb hat der Osten auch vorzugsweise solche Techniken entwickelt, die dem Menschen diese Innenschau erleichtern können, während der Westen die Techniken zum Begreifen des Äußeren, Materiellen, entwickelt hat.
Wir finden also auch hier die Ergänzung, den Ausgleich. Denn beides, Erforschung des Äußeren und Erforschung des Inneren, sind zum wesentlichen Begreifen des Ganzen notwendig, müssen als Voraussetzung realisiert worden sein.
Diese Entwicklung bringt natürlich für beide Seiten (Ost und West) erhebliche Folgen für die eigene Dynamik.

Während der westliche Mensch im wahrsten Sinne des Wortes mit den Ergebnissen aus der Suche nach den äußeren Gesetzen ausgefüllt ist, empfindet der östliche Mensch seinen Überfluß aus den hochentwickelten Techniken zur Erkenntnis der inneren Gesetze. Das Fehlende wird für beide spürbar: während der Osten den Mangel an Äußerem (materiell-funktionalem Begreifen der Welt) erlebt, versuchen wir, den Mangel im Inneren auszugleichen.
Fragen Sie zum Beispiel einmal einen Buddhisten oder Hindu, ob er mit seinem äußeren Aussehen zufrieden ist. Er wird Sie verständnislos anschauen und den Hintergrund Ihrer Frage gar nicht verstehen oder begreifen können.
Fragen Sie hingegen einen »Westler«, so wird er Ihnen gleich antworten, was er alles unternimmt, um sein Aussehen – mit dem die meisten nicht zufrieden sind – zu verbessern. Keine noch so ausgefallene Technik wird ausgelassen: Kosmetik, Diät, Sport und Gymnastik. Dabei können Sie bei fast allen Vertretern dieser Aufbau- und Korrekturtechniken nachlesen, daß sie Wert auf diese Aussage legen, Schönheit (was immer das auch sein mag) habe ihren Ausgangspunkt im Inneren des Menschen.
Wenn Sie also einen Yoga- oder Meditationskurs besuchen und bisher nicht genau wußten, was Sie letztlich dazu motiviert hat, kennen Sie jetzt die Antwort: Sie wissen, daß sie in äußeren Dingen nichts umwerfend Neues mehr entdecken können, verspüren gleichzeitig den Mangel an Innerem und suchen zwangsläufig den Ausgleich, die Ergänzung. Und die läßt sich nun einmal ganz hervorragend in den östlichen Gedankengebäuden und geistigen Techniken finden.
Vieles fällt uns leichter, wenn wir die Dinge an einem größeren Maßstab als dem, den die Vernunft uns diktiert, messen. Die Gesetzmäßigkeit, die sich hinter dem kontinuierlichen Suchen nach der Struktur einer der beiden Seiten

der Münze (Ost und West) herausstellt, läßt sie sich auf unseren blauen Planeten beschränken? Oder läßt sich diese Gesetzmäßigkeit auf den Kosmos, die Schöpfung insgesamt übertragen?

Der Rhythmus, dem jeder einzelne von uns unterliegt, und den wir am einfachsten erkennen können, wenn wir uns den Wechsel von Tag und Nacht vergegenwärtigen, durchzieht alles. Nicht nur wir Menschen schlafen und träumen. Aber uns ist es gegeben, unsere Träume, die einzige Brücke zum Ganzen, zu beschreiben und zu deuten.

Aber – wovon träumt die Schöpfung und wer deutet ihre Träume?

Der Traum als Dialog zwischen dem Ich und dem Selbst

An anderer Stelle dieses Buches konnte ich aufzeigen, wie wenig benutzbar die meisten Traum-Wörterbücher in der heutigen Zeit sind. Die meisten, die augenblicklich auf dem Markt angeboten werden, sind das Ergebnis rein mechanischen Abschreibens anderer Vorlagen mit allen aus diesem Vorgang entstehenden Fehlerquellen.
Hinzu kommt – und das ist das Entscheidende – daß kein Symbol eine grundsätzlich übertragbare Bedeutung hat. Jedes Symbol verändert sich durch eine Fülle unterschiedlicher Faktoren, die sich zum Teil aus der historisch-gesellschaftlichen Entwicklung ableiten lassen. Es leuchtet ein, daß beispielsweise bei den alten Ägyptern »Seele« oder »Geist« eine andere Symbolik besaßen als in der heutigen Zeit. Jeder Begriff wächst in dem Maße, in dem die Gesellschaft, in der dieser Begriff verwendet wird, wächst und sich entwickelt.
Es ist notwendig, noch einmal kurz auf die Bedeutung des Begriffes Symbol einzugehen.
Das Wort stammt, wie bereits erwähnt, aus dem Griechischen und heißt in der Übertragung »zusammenwerfen, zusammenfügen«.
Ursprünglich kam dem Symbol eine ganz konkrete Funktion zu. Es diente als Erkennungszeichen: Man nahm einen Gegenstand, zerbrach ihn und verteilte die einzelnen Bestandteile auf einige Menschen. Erst das Zusammentreffen dieser Menschen und das neuerliche Zusammenfügen der Einzelteile ergab die eigentliche Funktion, als Resultat des »Zusammenfügens« (Symbol). Der Begriff verlor seine

konkrete Bedeutung und wurde für allgemeinere Beziehungen verfügbar. Aus dem ursprünglich konkret gemeinten Gegenstand wurden abstraktere Begriffe, die auch aus Einzelelementen bestanden und erst dann wieder ihre Ausgangsform annehmen konnten, wenn sämtliche Einzelteile zusammengefügt wurden.
Schließlich erkannte man, daß es aus Gründen der Kommunikation einfacher war, anstelle der vielen Einzelelemente nur noch das Symbol zu verwenden, in der Hoffnung, der jeweilige Gesprächspartner würde das Gemeinte schon verstehen.
Sie wissen, daß dies aber nur unter großem Vorbehalt möglich ist, denn jeder Mensch braucht seine eigene Symbolik. Und die entsteht allerdings auf dem Boden einer bereits bestehenden. Deshalb ist es sehr wohl möglich, daß zwei Gesprächspartner sich über den gleichen Gegenstand unterhalten, im Glauben, wirklich über das gleiche zu sprechen, bis sie beide merken, daß das gar nicht stimmt.
Sie müssen zunächst einmal abgrenzen, wie der verwendete Begriff gemeint ist. Die Diskussion über den Frieden beispielsweise ist ein gutes Beispiel dafür. Aber auch aus der Psychologie lassen sich ähnliche Beispiele anführen: Seele ist nicht einfach gleich Seele! Carl Gustav Jung hat einmal gesagt: »Wenn Symbole überhaupt etwas bedeuten wollen, so sind es Tendenzen, die einen bestimmten, *noch* unerkennbaren Zweck verfolgen und sich infolgedessen durch Analogien (Entsprechungen) auszudrücken vermögen.«
Der »bestimmte, aber *noch* nicht erkennbare Zweck« muß also erkannt werden. Und dies ist nur möglich durch intensive Arbeit an den Traumsymbolen.
Der Traum ist der Dialog, das Gespräch zwischen dem Ich und dem Selbst!
Das Ich repräsentiert dabei den bewußten Anteil der Gesamtperson (also die eine Seite der Münze), während

das Selbst die umfassende Gesamtperson (der ganze Mensch minus Ich) darstellt. Der Dialog zwischen diesen ungleich gewichteten Bereichen (das Selbst »weiß« ja viel mehr als das Ich) findet nun ständig statt. Allerdings unter erschwerten Bedingungen. Denn das Ich will sich gegen das – unbequeme – Selbst durchsetzen. Um dies zu können, hat es die Mechanismen der Verdrängung entwickelt. Sie gestatten es dem Ich, ankommende Signale des Selbst einfach zu *über*hören, so zu tun, als verstünde es diese Signale und Botschaften nicht. Daß es dies aber sehr wohl tut, beweist eine häufig benutzte Redensart: »Eigentlich müßte ich . . .«

Das Ich registriert also sehr genau alles, was nicht der Grundstruktur des Selbst entspricht, und versucht, dies durch geschickte Ablenkungsmanöver zu kaschieren. Aber »Nichts geht verloren« findet hier seine Bestätigung. Denn mit jedem »eigentlich«, mit jedem Triumph des Ich, das ja – grob vereinfacht – nur am bewußten Leben interessiert ist, schaffen wir einen zusätzlichen Bereich in unserer Person, der sich volkstümlich formulieren läßt: das schlechte Gewissen. Wenn wir uns heute mit diesem Begriff schwertun, hat das ganz einfach historisch-religiöse Gründe. Leider wurde die Vorstellung vom schlechten Gewissen zum Schreckgespenst, mit dem eine dogmatische Erziehung ihre »Schützlinge« manipulieren konnte. Das schlechte Gewissen wurde nicht als Ergebnis von bewußtem Handeln gegen die *eigene* Person, also gegen das Selbst gesehen, sondern als Ergebnis gegen Verstöße einer »Obrigkeit«. Dabei drückt der Begriff vom schlechten Gewissen genau das aus, was als Konsequenz des *einseitigen* Dialoges zwischen Ich und Selbst folgt: genau zu wissen, daß etwas schlecht behandelt worden ist: Ich weiß etwas, was ich »eigentlich« nicht wissen möchte, denn es belastet mich.

Wir tragen also etwas mit uns herum, dessen Last wir schon spüren, gegen das wir uns aber scheinbar nicht wehren können. Diese Last wird begreiflicherweise immer größer und drückender, immer belastender.
Der Zentralspeicher »kennt« sämtliche Bereiche, die im Menschen wirken und ständig in Konkurrenz zueinander stehen, er besteht ja aus diesen Bereichen. Aber seine eigentliche Wurzel ist das Selbst und um dessen Verwirklichung geht es in diesem Leben. Folglich setzt der Zentralspeicher alle Hilfsmittel ein, um diesen Prozeß in Gang zu halten und vorwärts zu treiben. Er kennt die gewiefte Taktik des Ich und weiß, wie schwer ihm beizukommen ist. Sobald er das Ich mit einer ganz konkreten Botschaft konfrontiert, blockt dieses sofort mit den geschickten Techniken der Vernunft ab. Auf diesem Weg kommt der Zentralspeicher also nicht weiter.
Was muß geschehen?
Er sucht aus seinen unzähligen Speicherprogrammen die heraus, die eine erkennbare Ähnlichkeit zu der notwendigen Botschaft aufweisen. Um es dramatisch zu formulieren: Der Zentralspeicher stellt dem Ich eine Falle, das Symbol.
Das Ich »empfängt« dieses Symbol und versucht sofort, es mit den Mitteln der Vernunft einzuordnen, und bei diesem letztlich blitzschnellen Vorgang taucht – möglicherweise – auch die eigentlich beabsichtigte, im Augenblick gemeinte Information des Zentralspeichers auf.
Ich möchte dies an einigen Beispielen erläutern, die gleichzeitig auch die Funktion einer Einführung in die Benutzung des sich anschließenden Symbolregisters haben.
Sie wachen morgens auf und erinnern sich an einen Traum, von dem Sie nur noch eine vage Vorstellung haben. Alles, woran Sie sich bewußt erinnern, ist das Bild eines Ackers. Nun leben Sie vielleicht in einer Großstadt und kennen

einen Acker nur von gelegentlichen Spazierfahrten. Sie wissen nicht, was Sie mit diesem Bild anfangen sollen.
Nun sind, wie Sie wissen, viele Träume ausgesprochene Verarbeitungen von Tagesresten. Der Zentralspeicher ordnet lediglich zu. Das Traumbild des Ackers kommt jedoch nicht so einfach aus heiterem Himmel, es ist das notwendige Ergebnis einer bestimmten Entwicklung in Ihrem Leben. Während des Tages taucht ab und zu das Traumbild des Ackers wieder auf, irgendwie haben Sie das Gefühl, daß es etwas Wichtiges bedeuten muß. Der Tag läuft in der gewohnten Bahn weiter. Und immer noch hängt der Acker in Ihrem Kopf. Alle möglichen Assoziationen fallen Ihnen ein, aber keine, die Sie wirklich befriedigt (das Ich ist taktisch geschult). Und irgendwann blättern Sie vielleicht in einer Zeitschrift, sehen fern oder hören Radio, sprechen mit Freunden – den Acker haben sie mittlerweile »vergessen«. Während dieser Aktivitäten taucht nun der entscheidende Schlüsselreiz auf, in Form eines Fotos, eines Wortes, wie auch immer. Und urplötzlich, von einem Moment auf den anderen, *wissen* Sie um die Bedeutung des Ackers: Ihr Ich ist tatsächlich dem Zentralspeicher auf den Leim gegangen. Es war so sehr mit anderen Dingen beschäftigt, daß es keine Abwehrmechanismen mehr in Gang gesetzt hat. Vielleicht war es das Bild eines Pferdes, oder das von Getreide oder von Brot, vielleicht auch das von Unkraut oder eines Traktors. Die Denkformel lautet: Acker = Arbeit, Acker + Arbeit = Ergebnis. Die Botschaft ist deutlich angekommen. Und jetzt, nachdem die Sperre aufgehoben ist, erinnern Sie sich mit größter Sicherheit an weitere Traumelemente. Jetzt ist es Zeit für das Traum-Tagebuch. Anhand der Eintragungen läßt sich dann leicht erkennen, welche konkrete Arbeit bzw. welches konkret angestrebte Ergebnis gemeint ist. Und Sie werden erkennen, daß das Traumbild

des Ackers tatsächlich in ihrer Alltagssituation notwendig geworden war.
Ein anderes Beispiel:
Sie wachen morgens auf, sind schweißgebadet und erinnern sich lediglich daran, etwas Schreckliches geträumt zu haben. Das Traumereignis ist Ihnen so in die Glieder gefahren, daß Sie Mühe haben, richtig wach zu werden. Notieren Sie in Ihr Traum-Tagebuch: Entsetzen, Schreck, schweißgebadet, das reicht zunächst. Sehr wahrscheinlich wird schon dann, wenn Sie das Wort »schweißgebadet« aufschreiben, eine diffuse Assoziation auftauchen: gebadet = Baden, Baden = Wasser! Schauen Sie im Symbolregister unter dem Begriff Wasser nach und setzen sich mit der Interpretation des Wassertraumes auseinander. Wenn Ihnen während dieser Arbeit keine deutlichere Assoziation (Fluß, Bach, Meer, Ertrinken) mehr kommt, nehmen Sie ganz bewußt Ihre persönliche Vorstellung von Wasser als Traumanregung mit in den Schlaf. Also: Atemübung, dann die Vorstellung von Wasser, nicht mehr. Mit größter Sicherheit erleben Sie in dieser Nacht einen erneuten Wassertraum. Und am nächsten Morgen erinnern Sie sich an Einzelheiten, die Ihnen konkret weiterhelfen. Eine Überprüfung Ihrer augenblicklichen Gesamtsituation bestätigt, daß ein solches Traumereignis für Ihre weitere Entwicklung notwendig war: Nichts geschieht, was sich nicht in einen übergeordneten Zusammenhang einfügen läßt. Inwieweit Sie dies tun, hängt ausschließlich von Ihnen ab. Es ist ihre Entscheidung für oder gegen Ihr Selbst, die Sie treffen müssen. Es liegt an Ihnen, ob Sie bereit sind, die »Last« tagtäglich zu vergrößern, mit ihr zu leben, oder ob Sie nicht doch sagen: Diese Last wird mir zu groß, ich entscheide mich für mein Selbst.

Verzeichnis der Traumsymbole

Bei der Auswahl Symbole habe ich mich im wesentlichen auf die Symbole beschränkt, deren Aussagegehalt einen relativ hohen Grad allgemeiner Verbindlichkeit aufweisen. Benutzen Sie dieses Verzeichnis als Grundlage für Ihr eigenes Symbolverzeichnis. Je intensiver Sie sich damit beschäftigen, desto ausgeprägter wird Ihr Gefühl für den Bereich in Ihnen, auf den es letztlich ankommt: Ihr Selbst.

Der AAL signalisiert als Traumelement Sexuelles oder Gefühlsmäßiges. In beiden Fällen handelt es sich um eine erhöhte Konfliktbereitschaft. Der Aal als Symbol für den Penis (das eklige Tier!) versucht, eine tiefliegende Penisangst zu übermitteln. Man kann sich aber auch wohl fühlen wie ein Aal, allerdings nicht im klaren Wasser, sondern im Morast: also eine undurchsichtige Gefühlswelt.

Der AASGEIER trägt als Traumelement den Hinweis in sich, daß man in einer Lebenssituation steckt, die von Nicht-Verarbeitetem blockiert ist, das unbedingt bewältigt werden muß. Der Wunsch, dies zu wollen, manifestiert sich in dem jeweiligen Traumereignis als Flugtraum (aufzusteigen, um das Problem von oben betrachten zu können mit der Tendenz, es – im übergeordneten Zusammenhang begreifend – zu lösen).

Eine Traumbühne, deren wesentliches Element mit ABEND in Verbindung steht, versucht, einen grundsätzlichen Konflikt mit der (Lebens-)Zeit zu verdeutlichen: den der Übergangszeit. Dies kann ganz konkret auf Tagesprobleme bezogen, aber auch – je nach Traumbühne – in unterschiedlichen Übertragungen gemeint sein: alt – jung, stark – schwach, laut – leise. In vielen Fällen soll der Abend als angenehm empfundene Allgemeinstimmung dazu beitragen, den Grundkonflikt des Traumereignisses leichter anzunehmen, weil die Stimmung insgesamt sanfter anmutet. Sollte der Abend jedoch eine Bedrohung spürbar werden lassen, wird eine intensive Beschäftigung mit dem Kapitel »Der Traum vom Schlaf« empfohlen.

Der ABGRUND ist ein bedeutsames Symbol für jede Form von unterbrochener Entwicklung: Zwei eigentlich zusammengehörende Landschaften sind durch den Abgrund voneinander getrennt. Ob eine Verbindung zwischen der Tiefe des Abgrundes und der Tiefe des Konfliktes besteht, hängt vom gesamten Traumereignis ab. Der Abgrund kann überwunden werden, indem man an der einen Seite hinabsteigt und an der anderen wieder hinaufklettert. Dies ist jedoch eine äußerst schwierige Form der Bewältigung, weil in der Tiefe die Erfahrung gemacht werden muß, um den Aufstieg möglich zu machen. Eine andere Möglichkeit, den Abgrund zu überwinden, besteht im Bau einer Brücke. Hierbei besteht die Aufgabe darin, das herauszufinden, was beide Teile miteinander verbinden kann.

ABMAGERUNG sollte ganz konkret aus dem Alltag heraus begriffen und auch gedeutet werden. Und wie alles zwei Seiten hat, so kann der Traum, in dem die Abmagerung eine wesentliche Rolle spielt, sowohl die Angst vor als auch den Wunsch nach ihr signalisieren. Was zutrifft, hängt von der gesamten Trauminszenierung ab.

Der Traum vom ABSCHIED verdeutlicht einen Einschnitt,

eine Zäsur im Leben. Dabei ist es gleichgültig, wovon Abschied genommen wird. Die Notwendigkeit, nur das festzuhalten, was festgehalten werden kann oder muß, ist eine wesentliche Aussage dieses Traumelements.

Ein Traumereignis, das um einen ABSTURZ konstruiert ist, hat eine psychisch sehr bedeutsame Warnfunktion. Ein Absturz ereignet sich plötzlich, ohne Ankündigung. Man wähnt sicheren Boden unter den Füßen, doch schon der nächste Schritt bringt den Absturz. Dieses Traumelement will verdeutlichen, daß nur das erstrebte Ziel bedacht ist, nicht jedoch die reale Absicherung des Weges dorthin. Der Absturz kann auch in einem Vergangenheitstraum auftauchen als Hinweis für die Ursache einer augenblicklich verzweifelten Lebenssituation.

Das unbearbeitete Feld, auf dem etwas wachsen soll, wird durch den ACKER symbolisiert. Einen Acker zu bestellen, erfordert großen Zeit- und Energieaufwand. Aber der Einsatz lohnt, denn wenn der Zentralspeicher für die Traumbühne das Abbild eines Ackers abruft, will er damit freie Entwicklungskapazitäten aufzeigen. Der Acker signalisiert also verstärkte, intensive Aktivität.

Der Traum vom ADLER gehört zu den klassischen Flugträumen. Sich mühelos von der Erde (den Problemen oder Konflikten) zu lösen, um von oben herab mit unbestechlichem Auge das Zurückgelassene betrachten zu können oder zu wollen, bildet den Hintergrund eines solchen Traumereignisses.

Der Traum von den AHNEN fordert zur Überprüfung der Einstellung zu gesellschaftlichen Normen und Verhaltensmustern auf. Die Ahnen symbolisieren die Tradition, das, was wir als überliefertes Erbe angetreten haben, im Guten wie im Schlechten.

Das Abbild eines AKTES, ob weiblich oder männlich, verdeutlicht die Suche nach körperlicher Ästhetik, die zwar erotisch gefärbt ist, aber allgemein als moralisch einwandfrei gilt. Diese spezielle Form des Sexualtraums signalisiert den Wunsch, ein sexuelles Bedürfnis zeigen zu dürfen, ohne gleich als unmoralisch bezeichnet zu werden. Das Traumergebnis — also das Traumziel — zeigt, in welche weitere Richtung die sexuelle Entkrampfung sich bewegt.

Der Traum vom ALARM hat eine ähnlich gelagerte Funktion wie der des Absturzes. Auch hier liegt eine Entwicklung zugrunde, die zwangsläufig zum plötzlichen, unvermuteten Wachwerden führen muß. Während jedoch der Absturz eine Konsequenz eigenen Handelns ist, gilt für den Alarm, daß ihn jemand auslöst. Deshalb signalisiert der Alarm-Traum häufig eine partnerschaftliche Situation, die korrigiert werden muß.

Die Symbolik des Traumbildes ALTENHEIM ist offensichtlich: eine Zukunft, die gleichzeitig das absolute Ende des Lebens in sich trägt. Ob der Träumer jung oder alt ist, verschiebt lediglich zeitlich das Grundproblem. Der Traum vom Altenheim ist deprimierend, weil die Verarbeitungsmöglichkeiten sehr eng definiert sind: ein Schicksalstraum.

Der Traum von der AMPUTATION kann eine konkrete, auf Körperorgane bezogene Funktion haben oder, je nach dem gesamten Traumbild, eine geistig-seelisch bezogene. Meist bezieht sich der Amputations-Traum auf das letztgenannte. Es kann durchaus für die weitere Entwicklung erforderlich sein, sich radikal, durch einen klaren Schnitt, von etwas zu trennen, das entweder in sich ungesund ist, oder das sich für die eigene Zukunft als gefährlich zeigt. Das Symbol der Amputation zwingt geradezu zu einer grundsätzlichen Überprüfung der gesamten Lebenssituation.

Der ANGST-Traum wiederholt ganz konkret das gleiche Gefühl, das auch während des Tages als Angstgefühl auftritt. Nur verlegt der Zentralspeicher dieses Gefühl in eine bestimmte Traumszenerie. Hierdurch wird es möglich, das Angstgefühl (die Enge!) konkreter lokalisieren zu können. Eine Überprüfung des Traum-Tagebuchs zeigt in unbestechlicher Weise, wo die Wurzel für das meist diffuse, nicht weiter erklärbare Angstgefühl eigentlich zu finden ist. Der Angst-Traum zählt zu den häufigsten unserer Zeit.

Bei einem Traumbild, in dem ein ANKER vorkommt, hängt die Deutung im wesentlichen davon ab, ob der Anker nicht vorhanden, also gesucht wird, oder ob er zwar vorhanden, aber nicht einfach benutzbar ist. Vollständig fehlende oder unzureichende Sicherheit auf dem Boden der bewußten Realität sind der Hintergrund, vor dem sich das Traumsymbol Anker zeigen kann.

Der Traumsymbol ANKLAGE deutet grundsätzlich auf eine Fehlentscheidung hin, die man getroffen hat. Ob man sich selbst anklagt, oder von anderen angeklagt wird, hängt vom Grad der jeweiligen Eigenverantwortung ab. Wer sich im Traum selbst anklagt, ist ein Stück weiter als der, der sozusagen unter Fremd-Anklage steht.

Wenn der ARZT im Traum auftaucht, steckt man in einer Situation, in der man die Verantwortung auf andere übertragen möchte. Man ist nicht fähig, aus eigener Kraft seine eigene, als ungesund empfundene Entwicklung zu korrigieren. Der Arzt erscheint aber auch in den Traumereignissen, die eine Warnfunktion haben: Wenn keine Änderung bestimmter Verhaltensweisen eintritt, ist der Arzt eine künftige Konsequenz des augenblicklichen Zustandes.

Der Traum von der ARMUT kann sich – je nach gesamter Traumbühne – sowohl auf die Furcht vor materieller Armut als auch auf die vor geistiger Armut beziehen. Der Traum von der Armut bildet sich auf dem Boden eines unstabilen, nicht gefestigten Selbstgefühls.

Die Traumbühne, auf der ein ATTENTAT stattfindet, ist schon eine dramatische! Sie kann nur geklärt werden, in dem der Träumer sehr sorgfältig die anwesenden Traumpersonen analysiert. Handelt es sich um Personen aus dem Freundes- oder Bekanntenkreis, sollte unbedingt mit diesen über das Traumgeschehen gesprochen werden. Ein schwelender Konflikt liegt über der Gegenwart, der gelöst werden muß.

AUSSATZ in jeder Form signalisiert Kontaktangst und Furcht vor der Isolation. Wer aussätzig ist, braucht niemanden zu umarmen, braucht den körperlichen Kontakt nicht zu fürchten, er setzt sich »aus«. Bei einem solchen Traum spielen die dabei anwesenden Personen eine deutungsrelevante Rolle, weil sie in direktem Zusammenhang zum Aussatz stehen.

Die Traumlandschaft, durch die sich ein BACH schlängelt, zählt zu denen mit der stärksten, nachhaltigsten Wirkung. Der Bach ist ein Symbol für das geordnete Wasser, im übertragenen Sinne für die wohlgeordnete Reinigung. Denn das ist das tiefliegende Symbol des Wassers: die geistig-seelische Reinigung. Durch die übrigen Traumelemente wird verdeutlicht, in welchen Bereichen der Person die Reinigung stattfindet.

Dem Traum-BAHNHOF kommt eine ähnliche Bedeutung zu wie dem Symbol Abschied. Aber während der Abschied im Traum eher auf einer abstrakten Ebene stattfindet, ist der Bahnhof der konkrete Platz, der Knotenpunkt für das Annehmen und Abgeben sowohl von Ideen als auch von Menschen.

Der BAUM als wesentliches Traumelement signalisiert Stabilität, Standortfestigkeit, gepaart mit dem Wunsch, in höhere Ebenen der Erkenntnis zu gelangen. Je nach Art des Baumes ist die Verwurzelung im Leben eher oberflächlich (Birke) oder tiefgründig (Eiche). Weiterhin sind erkennbare Eigenschaften (Dornen, Früchte, usw.) an dem Baum auf Probleme hinsichtlich der angestrebten Erkenntnisse bedeutsam.

Der Traum von der BEERDIGUNG ist die konkreteste Form von Abschieds-, Bahnhofs- und Trennungsträumen. Hier wird buchstäblich etwas zu Grabe getragen, wieder in den Kreislauf der Natur zurückgegeben. Der Traum von der eigenen Beerdigung hat eine ähnliche Wertigkeit wie der Wasser-Traum: ein Einschnitt, eine Zäsur in der Lebensentwicklung. Eine bestimmte Phase ist zum Abschluß gebracht worden. Die neue Phase bewältigt die alte, indem sie sie beerdigt. Ein Traum, in dem die eigene Beerdigung erlebt wird, sollte auf keinen Fall als Todesankündigung gesehen werden! Ähnliches liegt dem Traum zugrunde, in dem ein anderer Mensch beerdigt wird. Hier wünscht man, bestimmte Aspekte der anderen Person begraben zu können oder zu dürfen. Häufig wird gerade der letzte Wunsch dadurch verdeutlicht, daß man selbst als Bestatter an dieser Beerdigung teilnimmt.

Der BEHÖRDEN-Traum ist in seiner Aussage recht einfach zu deuten: Konflikte (Unzufriedenheit, Ausgeliefertsein usw.) mit einer konkreten Behörde stecken meist dahinter. Je nach dem übrigen Traumbild füllt die Behörde allerdings auch das Symbol des Eingeengtseins durch Staat oder Gesellschaft aus.

Der Traum von der BEICHTE ist selten geworden. Seine Funktion hat der Traum vom Psychologen übernommen. Beide Traumelemente verdeutlichen jedoch den drängenden Wunsch, unterdrückte oder geheimgehaltene Schuldgefühle jemandem mitzuteilen, um sich dadurch wieder in den Zustand der Reinheit, der vermeintlichen seelischen Ausgeglichenheit zu setzen. Häufig schließen solche Träume den Ehe- oder Lebenspartner ein, der dann die Rolle des Beichtvaters oder des Psychologen übernimmt. Grundsätzlich signalisiert der Beicht-Traum: Der Druck bestehender Schuldgefühle wird übermächtig, er muß gelockert bzw. gelöst werden.

Der BEKLEIDUNGS-Traum taucht häufig auf, sei es als Nackt-Traum oder als tatsächlicher Kleidungs-Traum. Aus diesen beiden Grundrichtungen ergibt sich die weitere Deutung. Furcht, entblößt zu werden oder als entblößt dazustehen, kennzeichnen den Hintergrund. In den meisten Fällen ist der Bekleidungs-Traum aus dieser übertragenen Perspektive zu begreifen. Dieses Traumereignis ist, auch wenn es zunächst den Anschein weckt, kein ausgesprochener Sexualtraum, es sei denn, das Traumbild insgesamt signalisiert eindeutig sexuelle Inhalte (siehe: Sexualträume).

Dem Traum vom BERG kommt die gleiche starke Bedeutung zu, wie den Träumen: Abschied, Wasser, Bahnhof,

Beerdigung, Acker. Man befindet sich in einer Lebenssituation, die geprägt ist vom fehlenden Weit- oder Überblick. Ein Standortwechsel (geistig gesehen) ist erforderlich. Das Traumsymbol Berg weist auf enorme Hindernisse und Überwindungsprobleme hin und zwingt zur Frage nach der geeigneten Ausstattung (Voraussetzung), mit der die Hindernisse bewältigt werden können. Der Traum vom Berg kennzeichnet eine schwierige, aber erforderliche Veränderung der gesamten Lebensrichtung.

Der Traum, in dem überraschender BESUCH eintrifft, ist ein geradezu klassischer Bewältigungstraum aktueller Tagesereignisse. Er bezieht sich auf die Meisterung der alltäglichen Probleme, wie Ordnung, Aufräumen usw. Taucht der überraschende Besuch in einer klar erkennbaren Funktion auf, signalisiert er das Problem, auf eine zu erwartende Entscheidung, die man selbst zu treffen hat, nicht ausreichend vorbereitet zu sein.

Der Traum vom BETÄUBUNGSMITTEL ist bei Jugendlichen der heutigen Generation besonders häufig. Vordergründig scheint es, als ginge es dabei lediglich um die benutzten Betäubungsmittel oder Drogen. Dahinter verbirgt sich jedoch ein tiefliegendes Problem: Wenn die Vernunft, der bewußte Wille, ausgeschaltet sind (durch Drogen), erhofft man eine Intensivierung des Selbstgefühls. Daß dieser Weg falsch ist, signalisiert das jeweilige Betäubungsmittel. Solange *äußere* Faktoren den Prozeß der Bewußtwerdung steuern, hat das eigentliche Selbst keine Möglichkeit, zum Durchbruch zu kommen. Der Traum vom Betäubungsmittel ist ein ausgesprochener Warntraum, der mehr als ernst genommen werden muß. Im übertragenen Sinne kann sich in einem solchen Traum auch der Wunsch verdeutlichen, aus der Wirklichkeit, die als untragbar empfunden wird, flüchten zu wollen, und zwar in eine irreale Welt.

Ist das Traumgeschehen um einen BETRUG inszeniert, sollen dadurch moralisch-ethische Fehler anderen gegenüber zum Ausdruck kommen. Ob Betrüger oder Betrogener, in jedem Fall fordert dieser Traum zur grundsätzlichen Überprüfung der eigenen Einstellung zu rechtlich-moralischen Normen der zugehörigen Gruppe.

Der BEUTE-Traum zählt sicherlich zu den ältesten Traumsymbolen überhaupt. Hier offenbart sich eine Überbetonung der Vernunft, die man ja anwenden muß, um sicher zu sein, die Beute auch zu erjagen. Ob die Beute nun eine materielle oder eine körperliche ist, ändert die Grundtendenz eines solchen Traumes nur geringfügig. Der alte Instinkt des Jägers, seine Beute zu überlisten, muß von einem höherwertigeren Verhalten abgelöst werden: Die Vernunft muß sich dem Verständnis, der Einsicht, beugen.

Das Gefühl, die Umwelt nicht mehr richtig sehen zu können oder sehen zu wollen, kennzeichnet den Traum vom BLINDEN. In die gleiche Gruppe gehören auch Träume von Brillen oder anderen Sehhilfen. Ein Traum, in dem einer unserer Sinne als defekt gezeigt wird, signalisiert bestehende Probleme hinsichtlich des jeweiligen Sinnes. Nur wenn die Wahrnehmung der Umwelt realistisch erfolgt, können unsere Sinne einwandfrei funktionieren. Der Blinde nimmt seine Umwelt nicht mehr umfassend wahr, er muß sich auf andere Menschen verlassen. Möglicherweise steckt fehlendes Gefühl für eigene Verantwortung dahinter.

Der Traum vom BLUT ist seltener, als man glauben möchte. Häufig ist es lediglich die Erinnerung an die Farbe Rot, die jemanden glauben macht, vom Blut geträumt zu haben. Dem Blut liegt das Symbol der Lebenskraft allgemein zugrunde. Erst die weiteren Traumelemente verdeutlichen, in welche Richtung man den Blut-Traum zu deuten hat: der lebendige, pulsierende Kreislauf oder die zerfließende, stockende Lebenskraft.

Der Traum vom BOGEN (mit dem Pfeil) ist selten – leider. Er signalisiert höchste Konzentrationsfähigkeit bei der Lösung oder Bewältigung bestehender oder nahender Konflikte. Diese werden im übrigen Traumbild verdeutlicht.

Die Häufigkeit des BOMBEN-Traums ist periodisch unterschiedlich, da in jedem Traumbild auch ganz aktuelle Tagesreste verarbeitet werden (Nachrichten, Schlagzeilen usw.). Die Bombe als menschliches Produkt zur Zerstörung und Vernichtung signalisiert Alarmbereitschaft in jeder Hinsicht. Man hat das Gefühl, daß im Alltag jederzeit »die Bombe hochgehen kann«. Eine Überprüfung der geistig-seelischen Stabilität ist erforderlich.

Im Traumbild CHAOS steckt die Suche nach der Ordnung, so paradox das auch klingen mag. Das Chaos als Urmöglichkeit, aus der sich Strukturen und Gesetzmäßigkeiten entwickeln können, signalisiert einen bedeutsamen Entwicklungspunkt im Leben eines Menschen. Der Traum vom Chaos hat eine stabilisierende Kraft.

Die CHAUSSEE (Allee) als Traumsymbol weist auf die Tendenz hin, sich aus den aktuellen Tagesereignissen in eine zurückliegende, als harmonisch nachempfundene Zeit flüchten zu wollen. Dies kann konkret so aussehen, daß das Ziel am Ende der Chaussee ganz eindeutig mit der eigenen Vergangenheit zu tun hat (Personen oder Gebäude). Ist hingegen das Ziel klar erkennbar zukünftiger Art, symbolisiert die Chaussee die Suche nach der ungebrochenen

Verbindung tatsächlich erlebter Vergangenheit mit der Zukunft, ist also als Hinweis darauf zu deuten, daß die Gegenwart nicht isoliert betrachtet werden darf, sondern sich einheitlich in das gesamte Leben einfügen muß.

Ist das gesamte Traumereignis in eine DÄMMERUNG getaucht, zeigt sich also die Traumbühne eher verdunkelt, weist dies auf eine Zeit des Übergangs hin. Der klare Blick für die momentane Situation ist verdunkelt. In einem solchen Traum wird auch die Ereignishaftigkeit des Geschehens nicht klar genug nachzuvollziehen sein. Der gesamte Traum bleibt – auch in der Erinnerung – als Eindruck der Dämmerung. Es kommt entscheidend darauf an, ob diese Dämmerung eher eine Tendenz der weiteren Verdunkelung (Nacht) oder eher die von langsamer Aufhellung (Tag) zeigt. Im ersten Fall signalisiert der Zentralspeicher, daß die eigentliche Zeit der Bewältigung noch bevorsteht, im zweiten, daß die Bewältigung der anstehenden Probleme sich ihrem Ende nähert. Der Traum von der Dämmerung tritt häufig in schwierigen Lebensphasen auf.

Der Traum vom DARLEHEN ist als Wunschtraum sehr häufig. Um welche Art der Wunscherfüllung es geht, zeigt natürlich erst das gesamte Traumbild. In den meisten Fällen wird es sich um den Wunsch nach Verwirklichung materieller Dinge handeln. Das Symbol Darlehen im Traum sollte zum Anlaß genommen werden, die tatsächliche Bedürftigkeit nach Materiellem zu überprüfen.

Wenn der Zentralspeicher das Programm DEICH abruft, ist das als ausgesprochenes Notsignal zu sehen. Die Traumbühne wird insgesamt voller Dramatik und Gewalt sein. Es wird Schutz vor dem Einbruch unlösbar scheinender Probleme gesucht. Der Traum vom Deich signalisiert dem

Träumer, seine augenblicklichen Entscheidungen auf die Möglichkeit einer katastrophalen Weiterentwicklung zu überprüfen.

Das Symbol des DENKMALS versinnbildlicht die versteinerte Idee, die sich dem Träumer unbeweglich, herausfordernd als Blockade in den Weg stellt. Dieser Traum wird klar und deutlich sein. Er wird keinen Zweifel daran aufkommen lassen, worum es sich dabei handelt. Das Denkmal muß nicht unbedingt eine bekannte Person zeigen, es kann sich durchaus auf die eigene Person beziehen.

Das Traumelement DIEB gehört in eine ähnliche Kategorie wie das des Betruges. Auch in diesem Traumereignis geht es um Auseinandersetzungen mit rechtlich-moralischen Normen. Die zugrunde liegende Problematik wird durch die Person des Diebes und durch das Gestohlene verdeutlicht.

Der Traum, in dem ein DOLMETSCHER die Bühne betritt, muß als Warntraum gedeutet werden. Dahinter steckt nämlich das Gefühl, von der Umwelt nicht mehr verstanden zu werden, also jemanden zu brauchen, der die eigenen Äußerungen für andere verständlich macht. Er ist der einzige, der die eigene Sprache versteht und übersetzen kann, also häufig jemand aus dem Freundes- oder Bekanntenkreis. Der Traum vom Dolmetscher signalisiert die Notwendigkeit, sich mit nahestehenden Menschen grundsätzlich auszusprechen.

Das Symbol des DOPPELGÄNGERS galt in alten Traumbüchern als ein Zeichen des bevorstehenden physischen Todes. Diese falsche Deutung ist ein Hinweis darauf, wie durch mechanisches Abschreiben älterer Vorlagen Entstellungen entstehen: Der Traum vom Doppelgänger hat nichts mit dem physischen Tod zu tun. Er signalisiert vielmehr eine komplexe Lebenssituation, in der es erforderlich scheint, die eigene Person in ein Geschehen zu projizieren – das Traumgeschehen –, um es als Beobachter bewerten oder beurteilen zu können. Häufig verdeutlicht der Doppelgänger die Lebensphase, in der man gerade steckt und von der man glaubt, sie nicht weiterentwickeln zu können. Der Zentralspeicher zeigt dem Träumer durch den Doppelgänger seine bislang nicht genutzten Handlungsmöglichkeiten. Bei der Deutung ist deshalb das konkrete Traumereignis von besonderer Bedeutung. Es versinnbildlicht sozusagen die Bereiche, in denen der Träumer neue Potentiale aufschließen kann.

Das Traumsymbol DORF entspricht im wesentlichen dem der Chaussee. Auch hier zeigt sich eine deutliche Tendenz, dem Alltag entfliehen zu wollen. Während die Chaussee allerdings noch eine bestimmte Richtung aufweist, kommt dem Symbol Dorf eine eher statische, das heißt bewegungslose Bedeutung zu. Findet das Traumereignis in einem Dorf statt, verdeutlicht es dem Träumer genau den Lebensbereich, dem er entfliehen will.

DROGE siehe BETÄUBUNGSMITTEL

Der DROHBRIEF wird als Traumelement dann notwendig, wenn der Träumer eine Entscheidung getroffen hat, deren Konsequenz sich schädlich auswirken kann. Deshalb ist es ratsam, nach einem Traum, in dem ein Drohbrief eine wichtige Rolle spielt, die Entscheidungen der letzten Tage noch einmal zu durchdenken und möglicherweise zu korrigieren.

Das EI als Traumsymbol zählt zu den ältesten Symbolen überhaupt. In ihm konzentriert sich die gesamte Kraft des Neubeginns, des neuen Lebensplans. Der Traum vom Ei wird so intensiv erlebt, daß er deutliche Nachwirkungen auf den Alltag bringt: Ein verstärktes Gefühl von Stabilität, Sicherheit und Ausdauer stellt sich ein.

Der EID, in ein Traumereignis integriert, macht dem Träumer in aller Deutlichkeit klar, daß er sich an Absprachen halten muß, wenn er nicht negative Folgen in Kauf nehmen will. Der Traum vom Eid weist nicht so sehr auf einen engen Lebensbereich, sondern bezieht die jeweilige Gesellschaftsform mit ihren Rechten und Pflichten ein. Ihm kommt eher die Bedeutung eines Mahntraumes zu.

Der Traum vom EINMARSCH ist ein ausgesprochener Warntraum. Man fühlt sich in einer Lebenssituation, die in sich so unstabil und ungefestigt ist, daß der Einmarsch fast zwangsläufig kommen muß. Erst das übrige Traumgeschehen verdeutlicht den Bereich, in dem man sich gefährdet fühlt.

Das Symbol des EINSCHREIBE-BRIEFES hat eine warnende Funktion, ist jedoch deutlicher und konkreter, da er in den meisten Träumen einen bekannten Absender hat. Der Traum vom Einschreibe-Brief signalisiert die Notwendigkeit, das Verhältnis zum Traum-Absender zu entkrampfen und auf eine harmonische Ebene zu bringen.

Der Traum von der EINSCHULUNG ist entweder auf das konkrete Ereignis bezogen (wenn Eltern also von der Einschulung ihrer Kinder träumen) oder signalisiert eine abgeschlossene Phase, die in eine vollständig neue, unbekannte, einmündet. Der Traum von der Einschulung signalisiert also eine Gefühlslage, in der zwar das Neue akzeptiert ist, in der man jedoch noch ein Ausgeliefertsein empfindet.

Der ELTERN-Traum signalisiert – je nach übrigem Traumbild – den Wunsch nach autoritärer Abhängigkeit mit der Tendenz, die Eigenverantwortung *wieder* auf andere übertragen zu dürfen. Die Eltern im Traum symbolisieren das »geordnete Nest«, in das man zurückkehren möchte. Ein Traumereignis von eher mahnender Funktion.

Wer sich im Traum als EMBRYO sieht, möchte an den Uranfang zurückkehren, in die Wärme und den Schutz. Noch einmal von vorne anfangen zu können, steckt als Wunsch hinter einem solchen Traumbild. Es entsteht aus einem Bewußtsein, alles falsch gemacht zu haben, und sollte zum Anlaß einer Generalüberprüfung des bisherigen Lebens genommen werden.

Der ENGEL hat in einem Traumgeschehen die Funktion als Bote des Selbst. Dieses Selbst nimmt Gestalt an (Engel) und übermittelt eine Botschaft, deren Inhalt von großer Wichtigkeit ist und auch nach diesem gedeutet werden muß. Ein als äußerst großartig erlebter Traum, der in seiner Wirkung weit in den Alltag hineinreicht. Einen solchen Traum vergißt man kaum mehr.

Der Traum, in dem eine ENTBINDUNG ein wesentliches Traumelement darstellt, ist offensichtlich, wenn er von einer Frau geträumt wird. Da geht es um die Auseinandersetzung mit der Rolle als Frau allgemein. Darüber hinaus versinnbildlicht die Entbindung den notwendigen Vorgang, sich von einer reifen Idee, einer harmonisch abgeschlossenen Lebensphase, zu trennen. Der Traum von der Entbindung dient mehr der Vorbereitung dieses Vorgangs, während der Geburtstraum (siehe dort) das Ereignis als solches darstellt.

Der Traum vom ERBE hat prinzipiell zwei unterschiedliche Deutungsaspekte: das der Belastung und das der Befreiung. Im ersten Fall versinnbildlicht das Erbe eine als zu schwer und belastend empfundene Lebensaufgabe, im zweiten die zusätzliche Bereicherung des Lebens durch ein fällig gewordenes Ereignis. Konkrete Deutungshinweise ergeben sich aus der Art des Erbes und aus den beteiligten Personen.

Die Traumbühne, die als dramaturgisches Element das ERDBEBEN einsetzt, ist voller Urgewalt und Urkraft. Hier kommen die elementarsten Kräfte des Träumers zum Ausdruck: zerstörerisch – und dadurch Voraussetzung für Neues schaffend. Wenn – was selten geschieht – ein solches Traumerlebnis vorkommt, ist Kontrolle der Triebe und Leidenschaften notwendig. Der Traum vom Erdbeben ist ein ernstzunehmender Warntraum.

Die ERNÄHRUNG als Traumelement tritt häufig im Gefolge von Gewichtsproblemen auf. Hier ergibt sich die Interpretation aus der Art der Traum-Ernährung und des Gefühls, das der Träumer mit in den Tag nimmt. Der Traum von der Ernährung kann jedoch auch im übertragenen Sinne gemeint sein: Der Wunsch nach geistiger Nahrung (Erkenntnis) wird übermittelt.

Die EULE, uraltes Symbol für Weisheit, kennzeichnet im Traumgeschehen den Konflikt zwischen den Bereichen der Vernunft und den des tieferen Wissens. Der Traum von der Eule ist häufig das Signal dafür, ein bestimmtes Problem nicht mit den Mitteln der Vernunft lösen zu wollen, sondern mit dem der Weisheit: ein bedeutungsvolles Symbol für Beziehungskonflikte.

Das FABELWESEN im Traum stammt aus den tiefsten Speichereinheiten des Selbst. Es führt zurück in eine Welt, in der noch kein Raum für Kalkül und Berechnung war. Das Fabelwesen versinnbildlicht die unverbildeten Kräfte des Träumers und handelt an seiner Stelle.

Die FACKEL ist das klassische Traumelement des Suchenden. Mit ihrer Hilfe versucht er, Licht in die Finsternis zu bringen, von der er glaubt, daß sie ihn umgibt. Solange die Fackel als einzig mögliches Hilfsmittel im Traum auftaucht, hat der Träumer noch nicht begriffen, daß er selbst diese Fackel (der Erkenntnis) anzünden muß. Dies zeigt sich dann in aller Deutlichkeit, wenn eine andere Person die Fackel anzündet.

Der Traum, in dem die FAHNDUNG zentrales Ereignis ist, zählt zu den Warnträumen. Hier signalisiert der Zentralspeicher drohende Gefahr. Diese kann das zwangsläufige Ergebnis einer nicht einwandfreien Entscheidung sein, die aus eigennützigen Motiven heraus gefällt worden ist. Ein Überprüfen der Entscheidungen, die in der letzten Zeit getroffen wurden, ist angebracht.

Das FÄHRBOOT ist die sanfteste Information des Zentralspeichers hinsichtlich der Überbrückung zweier Entwicklungsbereiche. Die konkrete Form wäre der Traum vom Abgrund. Das Fährboot – wesentliches Symbol klassischer Sagen und Legenden – bietet sicheren Schutz bei der Überquerung, hier im Sinne von Lebensphasen. Jedoch haftet dem Traum vom Fährboot etwas Endgültiges an:

eine Rückkehr ist nicht möglich. Wird er geträumt, geht es um einschneidende Lebensereignisse. Der Fährmann, der das Fährboot steuert, verdeutlicht die beteiligte Person.

Der Traum vom FELSEN hat eine ähnlich gelagerte Symbolik wie der vom Berg, bezieht sich jedoch in den meisten Fällen auf ganz konkrete Alltagsprobleme. Dies um so deutlicher, je schärfer und zackiger der Traum-Fels ist. Hat der Fels im gesamten Traumgeschehen allerdings mehr die Funktion eines Rastplatzes, auf dem man steht oder sitzt, sollte dies als Bestätigung für umfassende Stabilität und Standortfestigkeit gesehen werden.

Das FENSTER im Traum bezieht sich in den meisten Fällen auf Probleme in der Beziehung zu den Mitmenschen. Je nach Größe des Fensters kann man den Grad an Einengung anderen gegenüber erkennen. Dekorationen jeglicher Art dienen dazu, den eigentlichen Grund für das gestörte Verhältnis zur Umwelt zu verschleiern. Deshalb sind auch meist die Dekorationen Gegenstand der Traumhandlung: Der Träumer soll erkennen, daß er den tieferen Grund für sein Handeln erkennen muß, um das Fenster öffnen zu können. Bei einem Fenster-Traum sind die erinnerlichen Details von erheblicher Aussagekraft (blinde Scheiben, schmutzige Vorhänge, zersplittertes Glas usw.).

Ein FEUER-Traum übt auf den Träumer eine geheimnisvolle Faszination aus, meist verbunden mit sexuellen Gefühlen. Bei der Deutung kommt es darauf an, die Szenerie, in der das Feuer ausbricht, in die Erinnerung zurückzuholen. Ein Traumereignis von elementarer Wucht, dessen Deutung im Einzelfall äußerst schwierig ist, da sich der Träumer vor lauter Freude am Entsetzen nicht mehr an die anderen Traumbestandteile erinnern kann. Dies ist jedoch zur exakten Deutung unerläßlich. Unter Umständen sollte der Träumer das Symbol Feuer als Traumanregung nehmen. Dadurch schafft er sich die Möglichkeit, im Traum an das heranzukommen, was vom Feuer zerstört werden soll – oder muß. Ein ungewöhnlich nachhaltig wirkender Traum.

Der FISCH gehört zum Wasser, ist also auch im Traumereignis ein Symbol für die Reinigung der Seele. Allerdings ist der Reinigungsprozeß in seiner eigentlichen Form noch nicht möglich. Der Träumer überträgt seinen Wunsch nach Reinigung auf den Fisch, dem kann im Wasser nichts geschehen. Der Traum vom Fisch kündigt also einen Übergang in einen höherwertigeren Zustand an und ist in den meisten Fällen auch von einem körperlichen Wohlbefinden begleitet. Das genaue Gegenteil tritt dann ein, wenn der Träumer von der Notwendigkeit einer geistigen Reinigung überzeugt ist, vor den Folgen aber Angst und Furcht hat. In einem solchen Fall sollte der Träumer sich von äußeren Einflüssen freimachen und sich ganz bewußt im Alltag mit seinen unausgesprochenen Zukunftsängsten auseinandersetzen.

Der FLAMME im Traumbild kommt etwas Heiliges zu. Nicht umsonst ist sie in vielen Religionen Sinnbild für die ständige Anwesenheit eines Gottes. Dieser Traum darf nicht mit einem Feuer-Traum verwechselt werden. Wesentliches Merkmal eines wirklichen Flamme-Traumes ist ein Gefühl von unaussprechlicher Ruhe, Ausgeglichenheit und Harmonie. Häufig wird fremdartige Musik wahrgenommen. Den Traum von der Flamme träumen in vielen Fällen solche Menschen, die eine wirklich harmonische Entwicklung durchgemacht haben, sich also ihrem Selbst wesentlich genähert haben.

Der Traum von der FLUCHT zählt zu den warnenden Verarbeitungsträumen. Der Zentralspeicher wird dieses Symbol dann abrufen, wenn der Träumer gegen bestehende Normen verstoßen hat — auch im geistigen Bereich: beispielsweise der Erzieher, der seinen Schützlingen bewußt und absichtlich falsche Informationen hinsichtlich der bestehenden Normen gibt. Die Flucht im Traumereignis zeigt die Tendenz, sich grundsätzlich aus jeder Form von Verantwortung entziehen zu wollen. Hier muß das Rechtsempfinden korrigiert werden.

Der Zentralspeicher wird aber auch das Symbol Flucht dann abrufen, wenn zur Lösung eines Problems keine der Person angemessenen Möglichkeiten gespeichert sind. Hier müssen zur Deutung die übrigen Traumelemente, besonders beteiligte Personen, herangezogen werden, weil sie möglicherweise dazu beitragen können, das anstehende Problem zu lösen.

Der Traum vom FLUSS ist der klassische Reinigungstraum. Seine Wirkung auf den Träumer ist so unvergleichlich aussagekräftig, daß er — ohne viel deuten zu müssen — weiß, was symbolisch in diesem Traum geschehen ist. Unterschiede im Hinblick auf den Reinigungsvorgang ergeben sich aus Art und Bewegung des Flusses. In den meisten Fällen ragt aus dem Fluß ein Ast oder Baumstamm heraus, den der Träumer benutzt, um den Fluß (die Reinigung) wieder zu verlassen. Einem Traum vom Fluß kommt eine sehr große Bedeutung zu: Er wird das Leben des Träumers verändern.

Der Traum von der FLUT ist in seiner Grundtendenz ähnlich gelagert wie der Deichtraum. Auch hier geht es um das Gefühl von Hilf- und Machtlosigkeit der Flut, dem Leben gegenüber. Fehlendes Sicherheitsgefühl insgesamt löst einen solchen Traum aus, um dadurch den Träumer auf diesen Mangel aufmerksam zu machen. In diesem Traumereignis spielt das Wasser zwar auch eine Rolle, es hat aber nicht die Bedeutung von Reinigung. Hier liegt das Gewicht mehr auf der Unaufhaltsamkeit des Vorgangs. Die übrigen Traumelemente (Kahn, Rettungsring usw.) verdeutlichen den Sicherheitsmangel.

Wenn sich die Traumbühne in einen FRIEDHOF verwandelt, besteht kein Grund zur Panik, im Gegenteil. Der Träumer bewegt sich — wenn auch mit gemischten Gefühlen — zwischen den Gräbern. Der Friedhof versinnbildlicht die Fülle des Zurückgelassenen, dessen, was nicht mehr konkret in die eigene Weiterentwicklung paßt. Der Traum vom Friedhof kann vermehrt in den Lebenssituationen auftreten, in denen man das Gefühl hat, in der Vergangenheit Wertvolles zurückgelassen zu haben, daß man momentan gebrauchen könnte.
Der Traum vom Friedhof kann dann bedrohliche Tendenzen aufweisen, wenn aus den Gräbern Gestalten auftauchen, die aus dem engeren Lebensbereich stammen. Ein solches Traumbild zeigt, daß sich der Träumer in einem tiefen Konflikt zu der jeweiligen Person befindet: Er wünscht sich, sie tot zu wissen; wünscht, daß sie nur noch in seiner eigenen Vorstellung, also nicht mehr konkret, existieren. Der Traum versinnbildlicht also auch eine ernsthafte Konfliktsituation zu bestimmten Mitmenschen.

Der FROST symbolisiert die totale Erstarrung, die Bewegungsunfähigkeit. Sie kann nur durch die wärmende Kraft der Sonne (der menschlichen Empfindung) aufgehoben werden. Einem Traumbild, dessen einzelne Elemente vom Frosthauch überzogen sind fehlt dieses menschliche Empfindungsvermögen. Ein Frosttraum sollte grundsätzlich zum Anlaß genommen werden, sich über die eigenen Gefühle anderen Menschen gegenüber klarzuwerden.

Es gibt fast kein Problem, das sich nicht im Traum durch ein GEBÄUDE versinnbildlichen ließe. Keine menschliche Tätigkeit, die nicht in irgendeiner Form mit einem Gebäude verbunden ist. Deshalb kommt es in einem solchen Traum darauf an, so viele Einzelheiten wie möglich, so viele Details wie erinnerlich ins Traum-Tagebuch zu schreiben. Allgemein läßt sich über einen Traum an dieser Stelle nur sagen, daß bestimmte Probleme auf das Gebäude, die Stein gewordene Funktion, übertragen werden. Deshalb geht es in einem solchen Traum in den meisten Fällen um Verarbeitungswünsche, die ihren Ursprung im Alltag haben. Da ein Gebäude aus mehr besteht als lediglich aus Außenwänden, ist besondere Aufmerksamkeit auf Treppen (viele oder wenige, steile oder flache, in die Tiefe führende usw.), Türen und Fenster zu legen. Häufig werden im Traumbild Vergangenheitsgebäude abgerufen, an die der Träumer ganz konkrete, problematische Lebenserfahrungen geknüpft hat.

Der Traum vom GEBIRGE ist eine Variante des Berg- oder Felstraums. Der Traum vom Gebirge stellt jedoch die komplexeste Form dar. Vielfach ist die obere Region des Gebirges mit Eis und Schnee bedeckt oder von schweren Wolken verhangen. Das Signal, das der Zentralspeicher durch dieses Traumbild setzen muß, lautet: Eine notwendige Standortveränderung ist nur erreichbar, wenn sämtliche vorhandenen Kräfte mobilisiert und eingesetzt werden. Daß er selbst dazu in der Lage ist, verdeutlicht der Traum selbst. Er läßt auch keinen Zweifel an der Schwierigkeit des Vorhabens aufkommen, bietet aber gleichzeitig ein Panorama sämtlicher auftretenden Probleme an.

Der Traum von der GEBURT – meist der eigenen – macht deutlich, daß der Träumer zu seinem eigenen Ursprung zurückkehren möchte, um fehlende Informationen zu erhalten. Diese Informationen (Wer bin ich eigentlich?) werden zur Bewältigung einer Lebenskrise benötigt. Da der Zentralspeicher über Informationen aus der vorgeburtlichen Zeit verfügt, kann er sie während des neuerlichen Erlebens der eigenen Geburt übermitteln. Gerade bei Träumen der eigenen Geburt sind Traumbilder (Visionen) möglich, die der Träumer nicht einem bestimmten Bereich zuordnen kann. Diese Bilder stellen zum Teil Urerfahrungen dar, die dem Träumer seine Verbindung mit dem Ganzen offenbaren. Träume von der eigenen Geburt haben eine stimulierende, anhaltende Wirkung.

Ein GEDRÄNGE auf der Traumbühne weist auf den – bewußt nicht eingestandenen – Wunsch nach Körperkontakt hin. Der Zentralspeicher führt dem Träumer eine Situation vor Augen, in der er sich von anderen Körpern berührt fühlt. Dabei ist das Traumziel besonders wichtig, das heißt, der Träumer erfährt, wie sich andere Körper anfühlen und was er selbst dabei empfindet. Der Traum vom Gedränge ist ein Wunschtraum mit der Tendenz zur Erfüllung: er taucht häufig als Traumfolge auf, in der sich das Gefühl des Träumers ändert – bis zur wirklichen Wunscherfüllung.

Bei einem Traum vom GEFANGENEN kommt es im wesentlichen auf die übrige Traumausstattung an. Wer ist gefangen? Wo ist das Gefängnis? Wer ist der Wächter? Es ist durchaus möglich, daß der Träumer selbst alle drei Elemente verkörpert. Dies weist auf einen sehr ernsten Lebenskonflikt hin, der nur durch äußerst intensive Bewußtmachung der eigenen Lebensumstände zu lösen ist.

Darüber hinaus geben die beteiligten Personen Auskunft, von wem sich der Träumer gefangengenommen fühlt.

Der Traum vom GELD ist ein ausgesprochener Wunschtraum, dessen Verwirklichung aber den eigentlichen Traumkern darstellt. Mit dem Geld läßt sich vieles verdrängen, man kann etwas kaufen – als Ersatz für etwas anderes. So gesehen, erfüllt der Traum vom Geld den in unserem gesamten Denken tiefverwurzelten Wunsch nach Materiellem, Äußerem. Geldträume weisen prinzipiell darauf hin, die Grundhaltung zum Leben aus der Perspektive von Innen und Außen zu überdenken.

Wandelt sich die Traumbühne zum GERICHT, will der Zentralspeicher mit dieser Inszenierung dem Träumer eine schwerwiegende Verfehlung bewußtmachen. Diese wird als Tagesrest mit in das Traumleben übernommen und erst hier mit den letzten, sich aus ihr ergebenden Konsequenzen vorgestellt. Es handelt sich also zunächst um einen Verarbeitungstraum. Eine genaue Überprüfung der insgesamt beteiligten Personen vor Gericht gibt möglicherweise einen Hinweis auf tiefsitzende Schuldgefühle der Gesellschaft gegenüber. Ein Traum vom Gericht macht ein grundsätzliches Überprüfen des eigenen Verhaltens anderen gegenüber erforderlich.

Ein GERÜST auf der Traumbühne signalisiert die Suche des Träumers nach Absicherung der eigenen Person. In einem solchen Traum versinnbildlicht das Gebäude, an das das Gerüst gelehnt ist, die Person des Träumers. Häufig ergeben sich aus den übrigen Traumelementen deutliche Hinweise auf die genauen Bereiche, in denen zusätzlicher Schutz und stabilisierende Sicherheit gesucht werden. In vielen Fällen liegt dem Traum vom Gerüst eine Erfahrung aus dem mitmenschlichen Bereich zugrunde, die zur Verunsicherung und zu dem Problem der Unsicherheit führt.

Der Traum vom GESICHT zählt zu denen, an die sich der Träumer zwar gut erinnert, von dem er aber nicht mehr sagen kann, welches Gesicht sich ihm gezeigt hat. Meist ist lediglich eine Botschaft erinnerlich, die stark an den Traum vom Gesicht gebunden ist, und es ist mehr diese Botschaft, die das Traumereignis prägt. In vielen Fällen besteht sie aus einer klar verständlichen Aufforderung, eine bestimmte Sache zu tun. Ist das Gesicht ein bekanntes, signalisiert der Zentralspeicher dem Träumer, daß dieser Mensch eine bedeutsame Aussage zur Weiterentwicklung machen kann. Der Traum vom Gesicht hat dann einen klaren Aufforderungscharakter, mit der betreffenden Person zu reden.

Der Traum vom GHETTO ist bedrückend. Die Traumbühne ist eng, dunkel und vermittelt deutliche Angstgefühle. Wenn der Traum vom Ghetto abgerufen wird, fühlt sich der Träumer einer schutzlosen Minderheit zugehörig (Körperbehinderte, Homosexuelle). Bei der weiteren Deutung kommt es darauf an, welche anderen Personen in diesem Ghetto leben und wer ihre Bewacher sind. Der Traum vom Ghetto signalisiert fehlenden Mut zur Eigenständigkeit und sollte sehr ernst genommen werden.

Häufig verwandelt sich die Traumbühne in ein riesiges GEWÖLBE, aus dem der Träumer nicht herauskommt. Das Gewölbe hat bedrohlichen Charakter und hängt in vielen Fällen auf seltsame Art mit religiösen Stimmungen zusammen. Der Träumer fühlt sich in das Gewölbe eingeschlossen, meist sind keine anderen Menschen anwesend. Das Gefühl der Hilflosigkeit und Ausweglosigkeit wird durch die Höhe und Form des Gewölbes verdeutlicht. Der Traum vom Gewölbe nimmt — ja nach Lebenssituation — häufig im Traumverlauf labyrinthartigen Charakter an. Dieser Traum versinnbildlicht in dramatischer Weise den Zwang, sich einer Idee, mit der man sich nicht identifizieren kann, beugen zu müssen.

Der Traum vom GIPFEL ist sozusagen der Erfüllungstraum der Bergträume: Der Träumer hat sein Ziel erreicht. Der Blick ist durch nichts mehr begrenzt, die weitere Entwicklung liegt klar vor ihm. Dieser Traum wird meist von erhabenen Gefühlen begleitet. Aus dem Bild, das der Träumer vor sich sieht, kann er Rückschlüsse auf künftige Ziele ziehen. Auch der Traum vom Gipfel zählt zu den nachhaltig wirkenden, die der Träumer nicht mehr vergißt.

GLATTEIS im Traum signalisiert grundsätzlich Gefahr. Es kommt bei diesem Traumbild darauf an, ob das Glatteis bereits alles überzogen hat oder ob der Träumer es jeden Augenblick erwartet. Das gefrorene Wasser, die stockende Reinigung der Seele, signalisiert dem Träumer, daß seine gegenwärtige Lebenssituation dieser Stockung bedarf. Das Gefühl von Gefahr wird sich nach einem solchen Traumereignis auch noch auf den folgenden Tag übertragen. Häufig ergibt die weitere Deutung der übrigen Traumelemente einen konkreten Hinweis auf den genauen Lebensbereich, der bedroht ist.

Der Traum von GLEISEN ist in seiner Grundtendenz offensichtlich: Dem Träumer erscheint das Gleis als Sinnbild für eine erforderliche Entscheidung. Meist treten Gleis und Weiche gemeinsam auf, der Träumer hat das Gefühl, sich im Traum entscheiden zu müssen, welches Gleis er befahren will. Die Deutung ergibt sich aus den zusätzlichen

Traumelementen: Landschaft, Ziele, verrostete oder blanke Gleise. Dieser Traum tritt in den Lebenssituationen auf, in denen der Träumer vor Entscheidungszwänge gestellt ist, für die er keine Kriterien findet.

Der Traum vom GLETSCHER hat Ähnlichkeit mit den Träumen vom Wasser allgemein. Doch während das Glatteis sich beispielsweise auf mehr aktuelle Lebensprobleme bezieht, symbolisiert der Gletscher einen allgemeinen Zustand. Riesige Wassermassen — also ein ungeheures Reinigungspotential — sind unbenutzbar, gefroren. Der Traum vom Gletscher fordert den Träumer auf, sein gesamtes Leben zu überdenken, wenn er weiterkommen will.

Vernimmt der Träumer deutliches GLOCKENGELÄUT, wird er gleichzeitig ein Gefühl tiefer Harmonie empfinden. Der Zentralspeicher signalisiert durch das Glockengeläut eine beginnende Übereinstimmung mit dem Selbst. Dieser Traum wirkt nachhaltig, er wird das Leben des Träumers verändern.

Das Traumereignis, das von einer GRENZE geprägt ist, signalisiert Freiheitsprobleme. Der Zentralspeicher verdeutlicht dem Träumer durch die Grenze, daß Freiheit nur möglich ist, wenn er die Grenze anderer Menschen akzeptiert. Häufig wird diese Botschaft noch verstärkt, indem die Grenzposten dem Träumer bekannt sind. Der Traum von der Grenze fordert zur Aussprache mit den Personen aus der nächsten Umgebung auf.

Der Traum vom HAFEN ist ein ruhiger Traum: Ein Etappenziel auf dem langen Weg der Entwicklung ist erreicht. Zeit, auszuruhen. In den meisten Fällen verdeutlichen Einzelheiten des Hafens das erreichte Ziel.

Durch das Traumbild HAFTANSTALT werden verletzte Normen versinnbildlicht. Die weiteren Traumelemente lassen eine konkrete Aussage über die Art der Verletzung zu. Von besonderer Bedeutung ist der Haftaufseher. Er hat direkt mit dem Vergehen zu tun, für das der Träumer in der Haftanstalt ist. Ein Warntraum mit dem deutlichen Aufforderungshinweis, Normen jeglicher Art auf ihre Einhaltung hin zu überprüfen.

Der Traum, in dem der Träumer vor einer HAUSTÜR steht, durch die er nicht gehen kann, symbolisiert die Schwierigkeit, den Zugang zur eigenen Person nicht finden zu können. Meist stellt sich gleichzeitig ein Gefühl von Verfolgtsein ein, das in dem Maße zunimmt, in dem der Träumer Schwierigkeiten hat, die Haustür zu öffnen. Der Traum von der Haustür zwingt den Träumer, sich über die eigene Person klarzuwerden.

Der Traum von der HEBAMME, sofern er nicht von schwangeren Frauen geträumt wird, symbolisiert den Wunsch des Träumers, bei der Lösung eines Problems – meist eines schwerwiegenden – nicht alleingelassen zu werden. Mangelndes Zutrauen in die Fähigkeiten der eigenen Person kommen hier zum Ausdruck. Trägt die Hebamme bekannte Gesichtszüge, projiziert der Träumer seinen Wunsch nach Hilfe auf diesen Menschen.

Der Traum vom HELLSEHEN wird im Kapitel »Der Traum von der Zukunft« ausführlich geschildert.

Verwandelt sich die Traumbühne in eine HERBST-Landschaft, vermittelt der Zentralspeicher eine Zeit des Übergangs in die Ruhe, des Nachdenkens, des weiteren Planens. Der Traum vom Herbst drückt den Wunsch nach einer solchen Phase deutlich aus.

Der Traum von der HETZJAGD ist ein Beispiel für alle Arten der Verfolgungsträume. Der Träumer fühlt sich eingekreist, bedroht und glaubt, hilflos ausgeliefert zu sein. Empfindungen wie gelähmt sein, angenagelt sein, nicht mehr atmen zu können, gehören zum Traum der Hetzjagd. So dramatisch dieses Traumereignis auch sein mag, besteht doch kein Grund zur Besorgnis, denn häufig werden in der Hetzjagd lediglich Tagesereignisse verarbeitet. Wird der Träumer jedoch von der eigenen Person gejagt oder gehetzt, muß dies als ernste Warnung des Zentralspeichers gewertet werden: Der Träumer sollte sich mit Meditationstechniken vertraut machen und lernen, an die eigene Person zu denken, ohne gleich in Panik zu geraten (Schuldgefühle).

Taucht im Traumereignis ein HINDERNIS auf, genügt meist die Art des Hindernisses, um einen Rückschluß auf bestehende Hemmungen im Alltag ziehen zu können. Hindernisse können überwunden werden, wenn man sie kennt. Deshalb projiziert der Zentralspeicher dieses Bild im Traum.

Der Traum von der HINRICHTUNG ist von stärksten Gefühlen begleitet. Angst, Verzweiflung, Schrecken und Entsetzen begleiten ihn. Dabei zählt gerade der Traum von der Hinrichtung zu den wichtigsten, die ein Mensch überhaupt träumen kann: Er hat eine hohe Stufe der Erkenntnis erlangt und kann jetzt seinen bisherigen Körper — der ja mit den eher negativen Erfahrungen der Vergangenheit behaftet ist — verlassen. Die Hinrichtung ist also grundsätzlich symbolisch zu deuten.

Der Traum von der INSEL ist ein reiner Wunschtraum. Der Träumer möchte dem Alltag entfliehen und sich auf eine

Insel – sich selbst – zurückziehen. Dieser Wunsch wird besonders deutlich durch die Tatsache, daß die Insel von Wasser (Reinigung) umgeben ist.

Die Traumbühne, die aus einem IRRGARTEN besteht, versinnbildlicht das Gefühl der Ausweglosigkeit des Träumers, kennzeichnet also eine Lebenssituation, in der er die Orientierung verloren hat. Aber er muß weitergehen, bis das Ziel – der Ausgang – erreicht ist. Der Traum vom Irrgarten weist also darauf hin, daß der Träumer eine klarere Linie in die Dinge des Alltags hineinbringen muß.

JAGD und JÄGER siehe HETZJAGD.

Im Traum in einen KÄFIG gesperrt zu sein, symbolisiert ganz konkret das Gefühl der Einengung in seiner Freiheit. Zur weiteren Deutung ist die Art des Käfigs wichtig, sowie ein mögliches Schloß, das ihn verschließt. Der Traum vom Käfig ist dann besonders wirksam zu deuten, wenn eine bekannte Person den Käfig verschlossen hat; häufig ein Partnerschaftsproblem mit sexuellem Verwirklichungswunsch.

Der Traum vom KANAL ist eine Variation des Wasser-(Reinigungs-)Traums. Doch während sich der Träumer beispielsweise im Traum vom Fluß schon zu Beginn des Traumereignisses darin befindet, entspricht der Kanal dem unbewußten Wunsch, diese Reinigung selbst in die Hand zu nehmen, zu planen. Dahinter steckt häufig der Wunsch, sich von minderwertigeren Trieben zu befreien, jedoch kann der dazu erforderliche Mut noch nicht aufgebracht werden. Der Traum vom Kanal versinnbildlicht also mehr den Wunsch nach Reinigung, als die Reinigung selber.

Befindet sich der Träumer in einer KAPELLE, empfindet er ein starkes Gefühl von Ruhe und Gelassenheit. Ein seltenes Traumbild, das die unlösbare Verbindung zum Selbst verdeutlicht. Der Traum von der Kapelle zählt zu den lange nachwirkenden Traumereignissen.

Der Traum von KINDERN – abgesehen von ausgesprochener Verarbeitung aktueller Tagesreste – symbolisiert den Wunsch des Träumers nach Neubeginn. Dieser Traum wird immer zu den Lebenszeiten auftauchen, in denen der Träumer im Alltag das Gefühl von Stagnation hat.

KIRCHE siehe KAPELLE

KLEIDER siehe BEKLEIDUNG

KLOSTER siehe KAPELLE

Der Traum von der KRANKHEIT ist ernstzunehmen. Er gehört zur Kategorie der Zukunftsträume und signalisiert dem Träumer, die augenblickliche Gesamtsituation auf ihre Konsequenzen hin zu überprüfen. Meist hat der Träumer im Wachzustand das Gefühl, etwas falsch gemacht zu haben. Das kranke Körperorgan verdeutlicht den Bereich, in dem sich Konsequenzen zeigen werden. Beispiel kranker Magen: Im Leben wird etwas falsch verdaut; Beispiel kranke Nieren: Unbrauchbares (meist im seelischen Bereich) wird zurückgehalten; Beispiel Kopfschmerzen: Die Harmonie zwischen Sexualität und Verstand ist unterbrochen. Der Traum von der Krankheit sollte immer zum Anlaß genommen werden, jeden Bereich zwischen- und mitmenschlichen Verhaltens kritisch zu analysieren. In vielen Fällen verdeutlichen die auftauchenden Traumpersonen die gestörten Bereiche.

Im Traum vom Kreuz konzentrieren sich sämtliche Erfahrungen, die der Träumer im Hinblick auf eine positive Entwicklung gemacht hat. Das Kreuz trägt die gesamte Gegensätzlichkeit der Welt in sich: Leid und Freude, Absturz und Aufstieg, Gewinn und Verlust. Der Traum vom Kreuz ist meist von unbestimmbaren Empfindungen begleitet: Die Urwirklichkeit, das Namenlose hat keine Worte zur Verdeutlichung.

Besteht die gesamte Traumbühne aus einem Labyrinth, entspricht dies der genauen Wiedergabe der Alltagswelt des Träumers. Irgendwie ist er hineingeraten, hat aber jede Orientierung verloren und müht sich nun nach Kräften, den Hauptweg wiederzufinden. Das Labyrinth verdeutlicht nicht nur die vielen Neben- und Einbahnstraßen des Lebens, sondern zeigt gleichzeitig an, daß es nur einen einzigen Ausgang gibt. Orientierungssinn ist erforderlich, um diesen Ausgang (das heißt den Hauptweg) zu erkennen. Der Traum signalisiert mangelndes Gefühl für die erforderlichen Orientierungshilfen im Leben.

Der Traum, dessen Mittelpunkt eine Leiche ist, zählt sicherlich zu den erschreckendsten Traumbildern, die ein Mensch erlebt. Aber in ein solches Traumbild wirkt ein ähnlicher Aspekt wie beim Hinrichtungs-Traum. Auch der Traum von der Leiche signalisiert das Ende einer Entwicklung und dadurch die Möglichkeit des Neubeginns. Dies verdeutlicht das Bild der eigenen Leiche am besten. Der Traum kündet also vom Übergang in ein entscheidendes Entwicklungsstadium: Der bisherige Mensch kehrt wieder in die Urwirklichkeit zurück – es taucht der neue Mensch auf.

Ausgesprochene Warnwirkung kommt dem Traum vom

LEIHHAUS zu. Der Zentralspeicher signalisiert dem Träumer durch dieses Bild, daß sich die angestrebte Entwicklung nicht mit dem konkreten Alltag in Übereinstimmung bringen läßt. Hier wird davor gewarnt, Pläne auf eine Zukunft hin realisieren zu wollen, die nur eine unzureichende Basis in der Gegenwart hat. Der Traum vom Leihhaus fordert den Träumer auf, sich über seine Verhältnisse – materiell und geistig – ehrliche Rechenschaft abzugeben.

Der Traum vom LOTSEN erinnert in seiner Grundtendenz an den Traum vom Fährboot. Auch hier zentriert sich das Traumereignis um eine Wasserfahrt. Während jedoch im Traum vom Fährboot die übrige Traumbühne eher einen ruhigen Eindruck macht, ist der Traum vom Lotsen dynamisch, aktiv. Der Träumer erlebt seine Alltagssituation, die eine so gefährliche ist, daß sie ohne fremde Hilfe nicht überwunden werden kann. Da in diesem Traum das Wasser ja eine ganz erhebliche Rolle spielt, kommt dem Traum vom Lotsen die Bedeutung einer ganz bewußten Auseinandersetzung mit der Notwendigkeit geistiger Entwicklung zu. Allerdings dokumentiert der Lotse, daß sich der Träumer noch in einem Stadium der Unsicherheit befindet.

Verwandelt sich die Traumbühne in eine Theaterbühne, auf der die Schauspieler alle MASKEN tragen, so muß dieses Traumbild als ernster Hinweis darauf gesehen werden, daß der Träumer versucht, sich aus der gegebenen Realität in eine Welt des Scheins zurückzuziehen. Hinter der Maske kann er sein eigentliches Ich vor den Augen der Umwelt verbergen. Der Zentralspeicher fordert vom Träumer ein den tatsächlichen Gegebenheiten angemessenes Verhalten der Umwelt gegenüber.

Die MAUER symbolisiert im Traumgeschehen die Grenze und das Hindernis, meist in Verbindung mit anderen Menschen. Diese Grenzen und Hindernisse bestehen aus versteinertem Gefühl, aus der Unfähigkeit, seine wahren Empfindungen an die Umwelt weitergeben zu können. Der Weg zum Du ist mühsam und stets mit der Notwendigkeit verbunden, die Mauer zu übersteigen. Stellt sich während des Traumereignisses beim Träumer der Wunsch ein, die Mauer einreißen zu *wollen,* signalisiert der Traum in diesem Fall, daß das zwischenmenschliche Problem erkannt worden ist und der Träumer eine Möglichkeit sucht, es zu lösen.

Der Traum vom MEER, vom Auf und Ab auf den Wogen, ist ein sogenannter Kombinationstraum. In ihm taucht ein starker sexueller Aspekt auf, der durch die Bewegung verdeutlicht wird, und es gibt einen unbewußten Reinigungsaspekt: ins Meer zu tauchen, um danach geliebt zu werden. Der Wunsch nach Befreiung von niederen sexuellen Wünschen und nach Erfahrung einer totalen Sexualität ist die Aussage des Traums vom Meer.

Der Traum vom MOND ist in seiner Symbolik so komplex, daß hier lediglich einige Aspekte aufgezeigt werden können. Der Mond ist für den Menschen die einzige naheliegende Möglichkeit, sich mit dem Universum zu verbinden. Der Blick auf den Mond ruft deshalb in jedem Menschen äußerst unterschiedliche Gedanken hervor, je nachdem, wie die Einstellung des Träumers zum Universum ist. Deshalb sind in einem Traum vom Mond auch stets Wünsche, Begierden, Hoffnungen, Sexualität usw. wesentliche Elemente.

Ob der Traum vom MESSER eine eindeutig sexuelle Funktion erfüllen soll, hängt vom jeweiligen Träumer ab. Sicherlich kommt dem Messer von der Form und Benutzung her eine Ähnlichkeit zum Penis zu. Wer als Träumer in sein Traum-Tagebuch solche Assoziationen aufführt, sollte sein Verhältnis zur Sexualität überprüfen. Denn wenn der Traum vom Messer ein sexueller ist, verbirgt sich dahinter eine falsche Vorstellung männlich-aggressiver Penetrations-Sexualität. Taucht dieses Traumsymbol häufig auf, sollte einmal ein lockeres Gespräch mit einem Sexualtherapeuten geführt werden.

Der Traum vom MONSTER ist die moderne Form des Traums vom Fabeltier. In beiden nehmen die ursprünglichen, unsichtbaren Kräfte der Schöpfung eine Furcht einflößende Gestalt an. Wird das Monster (oder das Fabelwesen) als Traumbild notwendig, signalisiert es dem Träumer, sich ganz bewußt mit den Grundkräften der Schöpfung auseinanderzusetzen.

Der Traum von einer NARBE scheint belanglos zu sein. Doch kommt gerade ihm im übertragenen Sinne eine besondere Bedeutung zu. Die Narbe versinnbildlicht nämlich das nicht mehr zu korrigierende Ergebnis falscher Lebensführung. Der Traum zwingt den Träumer, die Entstehungsmöglichkeit einer Narbe zu analysieren und sich diesen Vorgang in aller Deutlichkeit klarzumachen.

Der Traum-NEBEL ist ein Sinnbild für die augenblickliche Gesamtsituation des Träumers. Er kann seinen richtigen Standort nur noch vermuten, von einer gezielten Bewegungsrichtung ist er weit entfernt. Die Lebensphase erfordert Ruhe und Geduld. Dies ist die eigentliche Botschaft des Traums von Nebel.

Das Nest, und sei es im Traum auch noch so klein, ist stets das Ursymbol für Schutz und Geborgenheit. Je nach Kindheitserinnerung zeigt sich das Nest in einer anderen Umgebung. Häufig wird das Traum-Nest von irgendwelchen Tieren angegriffen. Geschieht dies, so tauchen – je nach erlebter Kindheit – sofort die großen Vögel (Eltern), die Nestbewacher, auf und verteidigen ihre Jungen. Der Traum vom Nest ist also ein reiner Verarbeitungstraum, in dem die eigene Kindheit als Maßstab für die momentane Lebenssituation übernommen wird. Für denjenigen, der ohne Nestwärme groß werden mußte, ist der Traum vom Nest der Versuch, die schmerzliche Lücke der eigenen Kindheit mit der Vorstellung, dem Gedanken an Nestwärme zu füllen. In einem solchen Fall muß das gesamte Traumbild zur Deutung analysiert werden.

Gleicht das Traumszenarium einem OPERATIONS-Saal, liegt die Vermutung nahe, daß der Träumer sich im Alltag mit irgendeiner Krankheit beschäftigt und dieses Bild mit in den Traum hineinträgt, sozusagen als Weiterführung, um im Traumereignis die letzte Konsequenz seines bewußten Nachdenkens zu erleben. In einigen Fällen hat der Traum von einer Operation eindeutig die Funktion, auf die Entstehung einer Krankheit hinzuweisen. Der Zentralspeicher registriert *sämtliche* Informationen und weiß von daher, ob in der augenblicklichen Lebenssituation Keime für eine Krankheit entstehen. Bei diesem Traum ist auch darauf zu achten, ob ein Chirurg eine Rolle spielt und ob er bekannte Gesichtszüge trägt. Dieser Mensch kann unter Umständen an der Entstehung der Krankheit beteiligt sein.

Vernimmt der Träumer die majestätischen Töne einer ORGEL, ist eine direkte Verbindung zu seinem Selbst hergestellt. Harmonie und Ruhe sind die wesentlichen Empfindungen während eines solchen Traums. Der Traum von der Orgel zählt auch zu denen, die das Leben des Träumers nachhaltig verändern.

Betritt ein PFARRER die Traumbühne, kann der Träumer erleichtert sein. Im Pfarrer findet er den Gesprächspartner, der ihm im Alltag fehlt: der verständnisvolle Zuhörer, der zudem noch das Verzeihen von Verfehlungen garantiert. Der Traum vom Pfarrer kündigt die ersten, unbewußten Wünsche des Träumers an, seine Lebensentwicklung grundsätzlich zu bedenken und nötigenfalls zu korrigieren. Aber er ist noch im Zustand dessen, der glaubt, auf Hilfe von außen angewiesen zu sein. Häufig nimmt der Pfarrer im Traumverlauf die Gesichtszüge des Träumers an. Die ist der erste, entscheidende Einschnitt in der weiteren Entwicklung. Der Traum vom Pfarrer wirkt nachhaltig auf das Leben des Träumers.

Der Traum von der POLIZEI ist ein Schuldtraum. Der Träumer erlebt die umfassende Situation dessen, der ein Verbrechen begangen hat. Eine Überprüfung der Ereignisse der letzten Tage fördert mit Sicherheit eine Handlung zutage, die sich letztlich nicht mit den akzeptierten Normen des Träumers deckt.

QUALM auf der Traumbühne signalisiert offensichtliche Gefahr. Man weiß nicht, wo das Feuer steckt, bemerkt also nur einen Teil seiner Wirkung. Der Feuer-Traum als solcher gilt als dramatischer Reinigungstraum, wohingegen der Traum vom Qualm die Furcht vor einer solchen Reinigung symbolisiert. Dem Träumer ist schon bewußt, daß er einen Reinigungsprozeß durchmachen muß, aber noch weigert er sich, diesen aktiv zu gestalten. Aus diesem Grunde projiziert er den Qualm in sein Traumleben, um sich mit seiner Furcht auseinandersetzen zu müssen — zunächst nur im Traum. Der Traum vom Qualm ist der erste der sogenannten Reinigungsträume.

Der Traum von einer QUELLE ist das klarste Symbol für Reinheit, Ursprung, Anfang und — da liegt für den Träumer das Problem — einprogrammiertem Ende! Im Traum von der Quelle vereinigen sich also die beiden Pole des Lebens: Anfang und Ende. Dies wird dem Träumer meist durch die übrigen Traumelemente verdeutlicht: Baden in der Quelle, Gefühl von Sauberkeit, fremde Personen, die Schmutz in die Quelle schütten usw.

Dem Traum vom RABEN haftet immer etwas Unheimliches an. Lange Zeit galt er als Todessymbol und Unglücksbringer. Der Rabe signalisiert zwar einen als belastend empfundenen Übergang in einen anderen Zustand, doch dieser neue Zustand ist ungleich höherwertiger. Liebgewordene Gewohnheiten aufgeben zu müssen, ist stets eine schmerzliche Erfahrung, aber der Rabe erinnert an die Notwendigkeit, dies zu tun.

Das Traumbild der RAKETE versinnbildlicht für den Menschen der heutigen Zeit die einfachste Form, Probleme auf einmal zu lösen: Alles, was an Hoffnungen, Sehnsüchten, Veränderungswünschen vorhanden ist, wird kurzerhand in die Rakete verfrachtet, und ab geht's — allerdings ohne den Träumer selbst. Und da setzt die Notwendigkeit eines solchen Traumbildes ein. Die Botschaft des Zentralspeichers lautet sinngemäß: Es reicht nicht, eine bloße Ansicht zu haben, sie muß auch verwirklicht werden und als Handlungsergebnis sichtbar sein. Solange der Träumer nicht sich selbst, sondern nur einen Teil von sich auf die Reise schickt, bleibt er — sich selbst gegenüber — bei der bloßen

Absichtserklärung stehen, er entwickelt sich nicht weiter. Der Traum von der Rakete ist als Warntraum zu deuten.

Dem RANGIERBAHNHOF im Traumerleben kommt eine ähnliche Bedeutung zu wie dem Traum von den Gleisen. Allerdings erkennt der Träumer anhand der gesamten Bühnendekoration, was da eigentlich rangiert, also in eine andere Richtung gebracht werden soll. Der Traum vom Rangierbahnhof symbolisiert die Bereiche des Träumers, die einer Veränderung bedürfen.

Der Traum von der RATTE ist ein wertvoller Traum, weil er auf Aktivitäten in den unbewußten Bezirken des Träumers hinweist. Ob es sich hierbei um positive oder negative Aktivitäten handelt, hängt von der gesamten Gestaltung des jeweiligen Traumbildes ab. Häufig signalisiert der Ort, an dem die Ratte sich aufhält, den unbewußten Bereich des Träumers, in dem sich eine Veränderung anbahnt.

Der REGENBOGEN im Traumbild ist ein Sinnbild für die Überwindungsfähigkeit des Träumers. Er führt ihm vor Augen, daß das eine nicht ohne das andere denkbar ist, daß das Helle das Dunkle in sich trägt (Regen-Gewitter und Regenbogen). Der Zentralspeicher erinnert den Träumer durch den Regenboden an diesen Zusammenhang.

Der Traum von einer REISE ist häufig. Denn die Reise bedeutet Standortwechsel, begrenzte Veränderung und damit die Möglichkeit, seiner Umwelt ganz legitim für einen Zeitraum entkommen zu können. Je dringender allerdings die anstehenden Probleme sind, desto schöner und intensiver ist das Erlebnis der Reise im Traum. Der Reise-Traum ist ein Warntraum und signalisiert den Wunsch, sich aus der Tagesverantwortung zu ziehen.

Rettung im Traum ist nur möglich, wenn dich der Träumer in einer gefahrvollen Situation befindet. Deshalb sind für die Deutung eines solchen Traums die übrigen Traumelemente von besonderer Wichtigkeit: Wo findet die Rettung statt, wer rettet wen wovor? Aus der Analyse der Antworten kann der Träumer den eigentlichen Hintergrund der Gefahr erkennen.

Erfüllt der Trubel eines Richtfestes die Traumbühne, gilt dies als Bestätigung für den Träumer, einen wichtigen Lebensabschnitt zu einem sichtbaren Zwischenergebnis geführt zu haben. Die am Richtfest beteiligten Personen verdeutlichen dem Träumer, wer aus seiner Umwelt an dieser Arbeit beteiligt ist, zeigen aber auch, von welcher Seite Schwierigkeiten zu erwarten sind.

Der Ring gilt von altersher als Symbol der untrennbaren Verbindung: in sich fest gefügt, ohne Anfang und Ende. Wenn es sich nicht um einen eindeutigen Partnerschaftstraum handelt, versinnbildlicht der Ring im Traum die gefügte, geordnete Struktur, mit der man umgehen kann (zum Beispiel mit dem Zauberring). Der Wunsch des Träumers nach mehr Wissen bildet die wesentliche Aussage des Traumes vom Ring.

Bei einer Traumhandlung, in der ein Roboter auftritt, sind zwei Grundtendenzen voneinander zu trennen: einmal kann es die Furcht des Träumers symbolisieren, selbst zur Maschine, zum gefühllosen Mechanismus zu werden, zum anderen kann der Traum vom Roboter ähnlich gelagert sein wie der von der Rakete, allerdings hier mit einer deutlichen Beziehung zum Alltag. Der Roboter soll demonstrieren, wozu der Träumer fähig sein könnte, wäre er nicht ständig mit einfacheren Arbeiten ausgelastet. Der

Traum vom Roboter kann also den Wunsch nach verstärkter Beschäftigung mit höherwertigen Dingen symbolisieren. Über ihre Art geben die übrigen Traumelemente Auskunft.

Wer in einer Situation steckt, in der er etwas zu verbergen hat, wird mit Sicherheit einen Traum haben, in dem STRAHLEN eine wesentliche Rolle übernehmen. Die Strahlen (Röntgen) durchdringen alles, vor ihnen kann man nichts verbergen. Sehr wahrscheinlich projiziert der Zentralspeicher dem Träumer das Gefühl mit Hilfe der Strahlen entdeckt zu werden. Dem Traum von Strahlen kommt eine warnende Funktion zu.

Der aufgebahrte SARG in einem Traumbild ruft im Träumer Schrecken hervor. Dieses Symbol soll ihm Ähnliches übermitteln wie das Symbol der Leiche oder der Beerdigung. In den meisten Fällen sieht der Träumer sich selbst als Toten. Aber was er da auf der Traumbühne sieht, ist nur der Teil von ihm, der notwendigerweise abgestorben ist. Für die Deutung kommt es darauf an, was der Träumer bei der Betrachtung seines eigenen Sarges empfindet. Ist er eher gleichgültig, nüchtern, ist der Prozeß des Abstoßens von nicht mehr Notwendigem abgeschlossen. Ist die Empfindung hingegen stark von Angst oder Entsetzen geprägt, signalisiert der Zentralspeicher dem Träumer, daß kein Grund dazu besteht und projiziert deshalb Entsprechendes in das notwendige Traumbild. Der Träumer *muß* durch diese Traumhandlung geführt werden.

Der Traum von der SCHEIDUNG hat eine äußerst komplexe Symbolik. Der Zentralspeicher ruft als regulierende Instanz immer dann das Symbol von Scheidung ab, wenn dem Träumer klargemacht werden muß, daß es für die weitere Entwicklung sinnvoll ist, sich von bestimmten Ideen zu trennen. Meist wird der Traum von der Scheidung ganz konkret, am Beispiel nahestehender Menschen erlebt. Diese symbolisieren jedoch mehr die Ideen oder Vorstellungen, von denen der Träumer sich trennen (scheiden) muß. Das Traumbild kündigt häufig die sich anbahnende Entfernung von bestimmten Menschen an.

Der SCHLANGE im Traum kommt nach wie vor deutliche Phallus-Symbolik zu. Sie signalisiert dem Träumer (gleichgültig, ob Frau oder Mann), daß der sexuelle Bereich entweder über- oder unterbetont, also nicht normal in das Leben einbezogen worden ist. Ob eine oder mehrere Schlangen, ob eingerollt oder hoch aufgerichtet, stets sollen sie den Träumer anregen, sich mit seiner Einstellung zur Sexualität auseinanderzusetzen; denn Sexualität ist eine der stärksten Formen, die Gegenwart des Urwirklichen zu spüren (siehe auch Sexualträume).

Der Traum vom SCHLÜSSEL ist ein versteckter Wunschtraum: Meist steht der Träumer vor einer Tür (oft der eigenen Haustür) oder einem Gebäude, in das er unbedingt hineinwill – aber es fehlt ihm der passende Schlüssel. Mit diesem sehr plastischen Bild signalisiert der Zentralspeicher dem Träumer, daß er sein Ziel nur erreichen kann, wenn sämtliche Voraussetzungen dazu erfüllt sind. Der Wunsch, Erkenntnisse zu erwerben, reicht noch nicht aus, sie auch tatsächlich zu erarbeiten. Dazu ist das Symbol des Schlüssels da. Es vermittelt dem Träumer das noch Fehlende.

Die Traumbühne, auf der sich ein SCHMETTERLING niederläßt, gehört zu den eigenartigsten Träumen überhaupt. Ein solcher Traum ist von einer merkwürdigen, irrationalen

Stimmung begleitet, die der Träumer nur sehr schwer im Wachzustand wiedergeben kann. Der Schmetterling ist das Symbol für die geheimnisvolle Verwandlung, für die Metamorphose alles Lebendigen. Dieser Traum wird vorzugsweise in den Lebensphasen auftreten, in denen der Träumer durch ein konkretes Ereignis im Alltag mit dem Phänomen von Werden und Vergehen konfrontiert worden ist und den Sinn des Geschehenen zu begreifen sucht. In diesem Fall projiziert der Zentralspeicher das Traumbild des Schmetterlings, weil er zu den Lebewesen gehört, deren Gestalt sich — in seiner Entwicklung gesehen — grundsätzlich und prinzipiell ändert. Der Schmetterling verdeutlicht dem Träumer diesen nach wie vor rätselhaften Vorgang.

Das Traumereignis, in dessen Mittelpunkt eine Schranke steht, sollte als deutlicher Warntraum gesehen werden. Allerdings bezieht sich die durch die Schranke hervorgerufene Situation des Wartenmüssens nicht so sehr auf das Ergebnis einer persönlichen Fehlentwicklung, sondern signalisiert dem Träumer, daß zu der augenblicklichen Entwicklungsphase andere Personen (mit ihren eigenen Entwicklungsabläufen) gehören. Der Traum von der Schranke macht dem Träumer also deutlich, daß zum Gelingen eines Vorhabens die Situationen seiner Umwelt akzeptiert werden müssen.

Der Schrei im Traum stellt den Versuch dar, sich umfassend äußern zu wollen, ohne sich an die sprachlichen Normen halten zu müssen. Die Lebenssituation des Träumers wird sehr wahrscheinlich gekennzeichnet sein vom Gefühl des »Platzen-Müssens«. Angestautes, nicht verarbeitetes oder kanalisiertes Empfinden hat keine Zeit mehr, sich erst über den Weg des gesprochenen Wortes zu äußern. So gesehen, bietet der Traumschrei die Möglichkeit, den Träumer über die Schwelle der Entladung zu tragen und ihn mit dem Gefühl von Erleichterung aufwachen zu lassen. Verspürt der Träumer während des Traumgeschehens allerdings den Wunsch, schreien zu müssen, bringt aber keinen Ton heraus, signalisiert dies eine aktuelle Lebenssituation, in der ein Widerstand nicht möglich ist: Es fehlen die Voraussetzungen dazu. In einem solchen Fall nimmt der Träumer das Gefühl, sich nicht äußern zu können, mit in das Tagesbewußtsein, sozusagen als Warnelement, sich mit allen Mitteln über die augenblickliche Lage klar werden zu müssen.

Eine Frau, der es Schwierigkeiten macht, ihre vorgegebene Rolle als Frau zu akzeptieren, wird mit Sicherheit im Traumgeschehen durch eine SCHWANGERSCHAFT geführt. Hier, auf der Traumbühne, kann sie sämtliche Stadien durchleben und durchfühlen — ohne tatsächlich schwanger zu sein. Das Traumbild hilft ihr also behutsam, sich auf unterschiedlichen Ebenen mit dem Phänomen Schwangerschaft auseinanderzusetzen, denn ein solcher Traum ist nicht selten. Im übertragenen Sinne signalisiert der Traum von der Schwangerschaft (der übrigens auch von Männern geträumt werden kann) das Stadium eines Neubeginns, wenigstens aber den klaren Wunsch danach. Der Träumer empfindet deutlich, daß sein bisheriges Denken und Fühlen nicht mehr »allein« ist, sondern daß ein Neues dazugekommen ist, das eine eigenständige Entwicklung durchmacht. Häufig ist ein solcher Traum von schmerzhaften Empfindungen begleitet, die dem Träumer den bevorstehenden Ablösungsprozeß (Alt gegen Neu) signalisieren.

Der Traum vom SCHWIMMEN zählt zu den eindrücklichsten Reinigungsträumen überhaupt (siehe FLUSS). Meist findet sich der Träumer in einem großen See oder im Meer. Für die Deutung ist es nun ganz entscheidend, mit welchem Gefühl der Träumer sich im Wasser, dem Symbol der Reinigung, empfindet. Akzeptiert er den Reinigungsvorgang, verbindet er mit dem Schwimmen, dem sanften Auf und Ab, ein ausgeprägt erotisches Glücksgefühl: Er taucht ein in die tiefen Schichten seines Selbst und fühlt die Verbindung zur Urwirklichkeit. Sträubt sich der Träumer gegen den Reinigungsvorgang, wird er das Gefühl entwickeln, zu ertrinken. Verzweifelt versucht er, sich zu retten, was ihm aber nicht gelingt. Je stärker er im Alltag alle Hinweise seines Unbewußten, die Entwicklung voranzutreiben, abwehrt, desto stärker wird das Traumgefühl vom Ertrinken-*Müssen,* von Untergehen vom Zentralspeicher projiziert. Der Traum vom Schwimmen muß als wichtige Aufforderung verstanden werden, sich nicht gegen das Unabwendbare (die eigene Entwicklung) aufzulehnen.

Das Traumbild des SELBSTMORDS erscheint, wenn der Zentralspeicher dem Träumer verdeutlichen will, daß es »so nicht weitergeht«. Die Lebenssituation ist dermaßen verwirrend und undurchschaubar geworden, daß nur noch eine willentlich vollzogene Beendigung dieses Lebens möglich scheint. Der Traum vom Selbstmord ist − streng genommen − die zwangsläufige Folge des Traums vom Ertrinken. Der Zentralspeicher erreicht durch die bloße Projektion des Untergehens nichts mehr, muß also Stärkeres gegen die aufkommende Selbstaufgabe einsetzen. Und die versinnbildlicht der Selbstmord. Nun ist dies nicht als Ankündigung eines tatsächlichen Selbstmordes zu sehen, sondern als eindringlicher Hinweis auf eine völlige Stagnation, auf eine Beendigung sämtlicher Entwicklungsvorgänge im Leben des Träumers mit dem Ergebnis, daß dieser nur noch auf Abruf funktioniert, nichts mehr aus eigenem Antrieb heraus unternimmt. Der Traum vom Selbstmord kann auf höchst unterschiedlichen Traumbühnen stattfinden. Er muß vom Träumer äußerst ernst genommen werden und sollte ihn dazu bringen, sein Leben zu ändern.

Es gibt fast keinen Traum, in dem nicht die SEXUALITÄT direkt oder indirekt eine Rolle spielt, das gesamte Traumerleben sozusagen färbt. Der Zentralspeicher projiziert, je nach Einstellung des Träumers zu seiner Sexualität, die verschiedensten Bilder, damit der Träumer sich mit ihnen auseinandersetzen kann – wenigstens im Traum. Denn in den weitaus häufigsten Fällen erfüllt sich der Träumer sexuelle Wünsche, deren Verwirklichung er sich im Alltag nicht zutraut, aus welchen Gründen auch immer. Der Zentralspeicher kennt nun sämtliche Mechanismen, die die betreffende Person einsetzt, um nur den Bereich seiner Sexualität zu realisieren, der sich mit der sogenannten öffentlichen Meinung, der gesellschaftlichen Vorstellung von Sexualität allgemein, deckt. Das ist aber, bildlich gesprochen, nur die Spitze des Eisberges, die eigentliche Sexualität spielt sich sozusagen unter Wasser, im Verborgenen ab.
Zur Gesamtentwicklung des Menschen gehört aber nun einmal die Sexualität als treibende Kraft, und zwar die Sexualität, die ein Mensch empfindet, nicht die Sexualität, die als öffentliche Meinung existiert. Die Auseinandersetzung von sexuellem Verwirklichungswunsch mit gesellschaftlich erlaubter Sexualität ist ungeheuer komplex. Und die im Laufe von Jahrhunderten aufgebauten Hindernisse, Schranken und Einengungen, die einer persönlich angemessenen, sexuellen Entwicklung im Wege stehen, sind so massiv, daß der Zentralspeicher gerade in diesem Bereich sämtliche Register ziehen muß. Deshalb finden sich beson-

ders in den ausgesprochen sexuellen Träumen die schwierigsten Symbole überhaupt. In den meisten Fällen entziehen sie sich der direkten Deutung und müssen ganz individuell begriffen werden. Eine allgemein gültige Aussage über bestimmte Traumelemente ist nicht möglich. Die Deutung eines sexuellen Traumes muß grundsätzlich von der Gefühls- und Empfindungsebene des Traumereignisses ausgehen. Diese Ebene verdeutlicht, wie weit der Träumer sich seiner eigenen Sexualität nähert bzw. wie er sich ihr genähert hat: zögernd, ängstlich, erleichtert, aggressiv, spannungsgeladen. Auf dieser Gefühlsebene zeigen sich dann bestimmte Personen oder Gegenstände in einer ganz bestimmten Form. Offensichtlich entsprechen alle länglichen Gegenstände dem Penis, alle Gegenstände, die eine Öffnung aufweisen, der Vagina; diese Grundannahme Freuds findet immer wieder ihre Bestätigung. Allerdings *muß* das nicht generell, also für jeden Menschen verbindlich sein, Ausnahmen sind denkbar. Mit diesen Gegenständen oder Personen geschieht nun irgend etwas: Sie werden bewegt, gerieben, irgendwo hineingestoßen (Penis), oder der Träumer betritt eine dunkle, warme Höhle, geht durch ein Tor oder − ein bekanntes Symbol − kramt in einer Tasche. Wenn nicht sofort die erinnerte Bewegung oder der Gegenstand begriffen wird, hilft die freie Assoziation: Alles, was jemandem ganz spontan zu einem Begriff (in diesem Fall also dem Traumgegenstand) einfällt, wird zu Papier gebracht. Mit Sicherheit ergibt sich aus dieser Aufstellung der letztlich gemeinte Symbolgehalt des Träumers für den Traumgegenstand. Im Traum von der Sexualität steckt eine unglaubliche Potenz, die den Träumer immer wieder auffordert, seinen eigenen Weg zu seiner eigenen Sexualität zu finden und damit gleichzeitig die Verbindung zur Urwirklichkeit, zum Selbst herzustellen.

Der Traum vom SOLDATEN entspricht dem Wunsch nach Unterordnung, nach Einfügung, nach Handeln auf Abruf und nach Fremdbestimmung. Der Träumer glaubt, sich in seiner Umwelt nicht richtig durchsetzen zu können und konfrontiert sich deshalb im Traum mit der Möglichkeit, durch die Mechanismen der kontrollierten Aggression (Soldat) seine Ziele durchsetzen zu können. Ein solches Traumbild wird dann notwendig, wenn der Träumer im Alltag von einem ungünstigen (auf die eigene Entwicklung bezogenen) Machthunger geprägt ist. Die Botschaft, die der Zentralspeicher übermittelt, lautet: Ziele können befriedigend nur mit den Mitteln der Überzeugung, nicht denen der Macht, erreicht werden. Häufig verdeutlichen die im Traum auftretenden Personen die angestrebten Ziele.

Das SPIEGELBILD im Traum ist meist entstellt und entspricht dem, das sich der Träumer unbewußt von sich selbst macht. Bei dem Spiegelbild kommt es nicht auf das äußere Aussehen an (dahinter stecken dann aktuelle Tagesreste), sondern auf den emotionalen Eindruck, den es beim Träumer erweckt. Dieser versinnbildlicht die geistig-seelischen Bereiche, die der Träumer ändern muß, um sich im Spiegelbild positiv erleben zu können.

Der SPRACHFEHLER im Traum symbolisiert deutliche Schwierigkeiten bei zwischenmenschlicher Kommunikation. Darüber hinaus signalisiert der Sprachfehler mangelnde Fähigkeit, Erfahrungen und Erkenntnisse weiterzugeben. Aus der Art des Sprachfehlers läßt sich der genaue Bereich erkennen, den der Träumer nur unzureichend vermitteln kann.

Der Traum vom STACHELDRAHT verdeutlicht in ausgeprägter Form partnerschaftliche Probleme. Der Weg zum Ich ist in bedrohlichem Maße erschwert. Er kann nur zurückgelegt werden, wenn man Verletzungen in Kauf nimmt. Dies gilt aber nicht nur für den Weg von außen nach innen, sondern ebenso für den Weg von innen nach außen. Er ist ebenso abgetrennt. Das Symbol des Stacheldrahtes führt dem Träumer die Konsequenz seines Verhaltens im Hinblick auf Partnerschaft oder allgemein zwischenmenschlichen Verhaltens vor Augen.

Dem Traumsymbol STARTBAHN kommt eine ähnlich gelagerte Grundtendenz zu wie dem der Rakete. Die Startbahn ist der (geistige) Ort, an dem sich die gesamte Person in höchster Konzentration sammelt, um von hier aus ihr Ziel zu erreichen. Während jedoch die Rakete eher eine Absichtserklärung darstellt, ist die Startbahn der ganz konkrete, spürbare Beginn. Dieses Traumbild verdeutlicht dem Träumer, daß der Augenblick einer ganz wesentlichen Veränderung bevorsteht. Es ist möglich, daß der Träumer während dieses Traumes höchste Sexualität empfindet.

Der STAU, den es während eines Traumbildes gibt, versucht dem Träumer klarzumachen, daß die bisher eingesetzten Mittel zur Lösung seines Problems nicht ausreichend oder nicht richtig sind. Das Ziel ist bekannt, aber der Träumer mit den falschen Mitteln ausgestattet, erreicht es nicht. Der Traum symbolisiert die Notwendigkeit, das Verhältnis zwischen Ziel (Erkenntnis) und bisherigen Erfahrungen zu überprüfen.

Der Traum vom STERBEN (wenn er nicht während einer schweren Erkrankung auftaucht und somit Mittel zur Tagesbewältigung darstellt) ist aus einer ähnlichen Perspektive zu deuten wie die anderen Traumsymbole, die

Tod zum Inhalt haben. Der alte, das heißt niedere Mensch muß sterben, damit der neue geboren werden kann. Der Traum vom Sterben kündet somit die bevorstehende Übergangsphase in einen grundsätzlich höherwertigeren Lebensbereich an.

STEUERMANN siehe LOTSE

Der STRAND markiert deutlich die Übergangszone zum Streben nach Erkenntnis durch Reinigung (Wasser, Meer). Der Träumer bereitet sich auf diesen Vorgang vor. Noch ist er zu sehr im Augenblick verhaftet, noch fehlt ihm der entscheidende Impuls, den ersten Schritt in das Wasser zu tun. Häufig stellen sich nach einem Traum vom Strand Wasserträume unterschiedlicher Art (Schwimmen, Fährboot usw.) ein. Der Traum vom Strand vermittelt dem Träumer in den meisten Fällen ein tief empfundenes Glücksgefühl.

Dem Traum vom TAGEBUCH kommt eine besondere Bedeutung zu. Er verdeutlicht das Ergebnis bewußter Lebensbewältigung. Der Träumer hat die Stufe seiner Entwicklung erreicht, auf der er erkennt, daß er sich seiner eigenen Person noch nicht wirklich bewußt war. Die Notwendigkeit, diesen Bewußtmachungsprozeß in Gang zu setzen, symbolisiert das Tagebuch. Eine Deutung der (möglicherweise) erinnerten Einzelheiten erlaubt eine genaue Bezeichnung der Bereiche, in denen sich der Wandel zeigt oder zeigen wird.

Wenn die TARNUNG als dramatisches Traumelement eingesetzt wird, muß dies stets als ausgeprägte Warnung begriffen werden. Der Zentralspeicher versinnbildlicht durch die Tarnung, daß der Träumer sich in eine Richtung entwikkelt, in der er nur noch überleben kann, wenn er sich selbst tarnt. Mangelnde Selbstsicherheit und ein nur geringes Vertrauen in die eigenen Fähigkeiten bilden häufig den bewußten Hintergrund, vor dem sich dieses Traumbild entfalten kann. Treten Personen mit bekannten Gesichtszügen auf, sind sie entweder für die Tarnung verantwortlich oder aber sie durchschauen in den meisten Fällen die Tarnung und der Träumer durchlebt sämtliche Stadien der Enttarnung.

Die TAUBE ist ein uraltes Symbol voller Komplexität. Sie symbolisiert die Verbindung zwischen Ich und Selbst, trägt Botschaften von einem in den anderen Persönlichkeitsbereich und signalisiert dem Träumer von der ständigen Verbindungsmöglichkeit der beiden Bereiche. Sie verdeutlicht dadurch den Wunsch des Träumers nach Ergänzung und Zusammenfügung von Ich und Selbst.

TAUFE entspricht den Wasserträumen.

THEATER siehe MASKE

TOD siehe STERBEN

TREIBJAGD siehe HETZJAGD

Eine TREPPE im Traumgeschehen versinnbildlicht die Suche des Träumers nach Verbindungsmöglichkeiten. Bei diesem Traum kommt es darauf an, wohin die Treppen im Traum führen, ob sie überhaupt irgendwohin führen oder vielmehr plötzlich zu Ende sind. In den meisten Fällen taucht die Treppe nicht als Einzelelement auf, sondern ist Bestandteil eines Gebäudetraums. In diesen Fällen symbolisiert das Gebäude das Selbst des Träumers und seine

Suche nach einer Möglichkeit, dieses Selbst zu begreifen. Der Traum von der Treppe ist sehr häufig, besonders in der heutigen Zeit, in der zwar das Einzelne begriffen wird, der übergeordnete Zusammenhang aber nicht mehr zu erkennen ist. Dies symbolisiert in sehr emotionaler Weise der Traum von der Treppe, da der Träumer sich meist von irgend etwas Unbekanntem verfolgt fühlt, dem er zu entrinnen sucht.

Ist die Traumbühne mit TRÜMMERN übersät, fühlt sich der Träumer mit dem unbefriedigenden Ergebnis seiner bisherigen Lebensführung konfrontiert. In den meisten Fällen ist der eigentliche Vorgang der Zerstörung nicht Bestandteil des Traumes, sondern lediglich ihre Wirkung. Die Trümmer symbolisieren in unmißverständlicher Weise, daß die momentane Situation des Träumers über keinerlei Stabilität mehr verfügt, daß die Grundfesten erschüttert sind. Dieser Traum muß sehr ernst genommen werden, ihm kommt eine ausgesprochene Warnfunktion zu, denn der Zentralspeicher benutzt stets die eindrucksvollsten Bilder zur Verdeutlichung seiner Botschaft.

Der TUNNEL als Traumsymbol wird immer dann auftauchen, wenn der Träumer in seinem Tagesgeschehen von dem Gefühl beherrscht ist, keinen Ausweg aus seiner Situation zu sehen. Der Tunnel zeigt ihm, daß diese Phase ein Ende haben wird. Bleibt der Tunnel während des gesamten Traumbildes dunkel, vermittelt der Zentralspeicher dem Träumer, daß der Weg in die neuen Bereiche noch nicht möglich ist, weil notwendige Erfahrungen und Erkenntnisse fehlen. Licht am Ende des Tunnels hingegen kündigt das Neue an. Grundsätzlich sollte der Traum vom Tunnel als Hinweis darauf gesehen werden, daß der Träumer den Weg in seine unbewußten Bereiche angetreten hat. Deshalb empfindet er auch häufig das Gefühl von Wärme und Enge (der Tunnel als Entsprechung zum Geburtsvorgang).

Der TURM im Traum hat ähnliche Wirkung wie der Traum vom Gipfel. Auch hier signalisiert der Zentralspeicher, daß ein Punkt in der Entwicklung erreicht ist, der neue Blickrichtungen ermöglicht. Die naheliegenden Ziele können klar erkannt und überschaut werden. Es ist also von großer Wichtigkeit, die übrigen Traumelemente zur Deutung heranzuziehen, da sie einen Aufschluß darüber geben, auf welche nächsten Ziele hin sich der Träumer entwickelt.

Der Traum vom UFER darf nicht verwechselt werden mit dem Traum vom Strand. Das Ufer symbolisiert das Rettende, den Bereich, in den man sich flüchten kann. Der Traum vom Ufer ist ein indirekter, maskierter Reinigungstraum (Wasser). Im Traumbild hat der Träumer erlebt, daß er das Wasser (die Reinigung) noch nicht ertragen kann, deshalb projiziert ihm der Zentralspeicher das rettende Ufer. Dieser Traum sollte zum Anlaß genommen werden, sich mit der Bedeutung des Begriffes Geduld auseinanderzusetzen.

Der Traum vom UFO ist gar nicht so selten, wie man zunächst vermutet. Dahinter steckt der unausgesprochene Wunsch nach der sichtbaren, übergeordneten Kraft, die sich als Traumbild im Ufo verdeutlicht. Interessanterweise treten Träume von Ufos verstärkt bei solchen Menschen auf, die im Wachzustand jede Form übergeordneter Struktur ablehnen.

Der Traum, in dem man das Ticken einer UHR vernimmt, ist ein deutlicher Mahntraum, durch den der Träumer erinnert wird, daß Zeit etwas mit Ordnung zu tun hat. Hier ist nicht die Ordnung gemeint im Sinne von Aufräumen, sondern die Ordnung, die als Voraussetzung für die Durchführung bestimmter Handlungen erforderlich ist. Sprunghaftes, in seinen Absichten nicht erkennbares Handeln machen den Traum von der Uhr erforderlich.

Eines der sehr häufig geträumten Symbole ist das des UMBAUS. Der Träumer erkennt, daß seine bisherige Entwicklung ihn zum UMBAU zwingt. In den meisten Fällen erlebt der Träumer sehr realistisch den eigentlichen Vorgang des UMBAUS, wie Mörtel abschlagen, Wände errichten usw. Die Botschaft des Zentralspeichers lautet: Der UMBAU ist notwendig, aber es reicht nicht, die Absicht dazu zu haben, es muß die konkrete Tat folgen. Die Wirkung dieses Traumbildes ist so stark, daß der Träumer im Wachzustand beginnen wird, Veränderungen – vielleicht zunächst nur im kleinen – herbeizuführen.
Ereignet sich auf der Traumbühne ein UNFALL, muß er als äußerst ernste Warnung begriffen werden. Das Verhalten des Träumers im normalen Alltag ist auf Konflikt programmiert. Der Zentralspeicher macht die Folgen des bewußten Handelns durch das Traumbild UNFALL deutlich. Der Träumer wird aufgefordert, sich über die Konsequenzen seines Tuns und Handelns ehrliche Rechenschaft abzugeben.
Ein UNWETTER kann sich im Traum nur dann zusammenbrauen, wenn der Träumer im Alltag die Voraussetzungen dafür geschaffen hat. Und dies geschieht fast zwangsläufig, weil in jeder Entwicklung der Zeitpunkt kommt, der durch Verdichtung und Zusammenballung gekennzeichnet ist. Das UNWETTER symbolisiert die Lösung und Befreiung aus dieser Situation. Zur Deutung kann das Auftauchen des Regenbogens beitragen (siehe dort).
Der Traum vom VATER wird für jeden Menschen irgend-

wann einmal notwendig. Denn er verkörpert Autorität, eine bestimmte Art von Geborgenheit und Sicherheit und versinnbildlicht das geregelte Männliche allgemein. Ist der Zeitpunkt in der Entwicklung eines Menschen gekommen, sich mit diesen Grundelementen auseinanderzusetzen, um sich von ihnen endgültig zu lösen, erschein der Vater im Traum. Er verdeutlicht die Notwendigkeit, sich von geliehener Autorität, von Scheingeborgenheit und nicht aus sich selbst gewachsener Sicherheit zu befreien, um den Weg in die eigene Verantwortung anzutreten. Besonders ausgeprägt tritt das Traumbild des Vaters bei Frauen auf, die in diesem Bild geregelte Männlichkeit, das sich dem Männlichen unterordnen müssen, durchleben. Der Traum vom toten Vater hilft dem Träumer, seine eigene Verantwortung leichter zu akzeptieren, weil die ursprüngliche Autoritätsperson, der Vater, nicht mehr existiert, er also die Nachfolge angetreten hat, ohne in eine Konkurrenz treten zu müssen. Erscheint der noch lebende Vater im Traum als gestorben, ist der Ablösungsprozeß noch nicht beendet. Der Träumer *wünscht* sich im Traumgeschehen den toten Vater, um das Gefühl endgültiger Unabhängigkeit (und damit natürlich endlicher Abhängigkeit von sich selbst) durchleben zu können. In diesem Fall hat der Traum vom Vater eine Bewältigungsfunktion.

Den Traum, VOGEL zu sein, wer hat ihn noch nicht geträumt? Sich ohne Schwierigkeiten von der Erde (seinen Problemen) lösen zu können, frei über ihr zu schweben, um alles aus dieser ungefährlichen Distanz überblicken zu können, dies ist sicherlich einer der häufigsten Alltagswünsche des Menschen. Es ist also begreiflich, wenn sich gerade während eines solchen Traums körperlich spürbare, sexuelle Empfindungen einstellen. Wenn der Traum vom Vogel sehr häufig auftaucht, sollte sich der Träumer mit seinen irrationalen Wünschen beschäftigen und der Frage nachgehen, inwieweit diese Wünsche tatsächlich mit seinem konkreten Leben zu tun haben. Im Einzelfall spielt die Art des Vogels eine besondere Rolle (Eule, Taube).

Der Traum vom WASSER spielt auf den unterschiedlichsten Traumbühnen. Das Wasser kann als Eis, glatter See, aufgebrachtes Meer, als Quelle oder Bach oder Fluß erscheinen, stets ist damit aber die Reinigung gemeint. Reinigung im geistig-seelischen Bereich. Das Eintauchen ins WASSER DES LEBENS gilt in allen Kulturkreisen als geheimnisvolles Symbol der Taufe oder eines ähnlich wirkenden Rituals. Wasser als Mittel, als Medium, in dem sich die Reinigung vollzieht, kann klar und durchsichtig, aber auch trüb oder verschmutzt sein. Jeder Träumer wird auch die Berührung mit dem Wasser unterschiedlich erleben und andere Empfindungen spüren. Für die Deutung ist es von ganz erheblicher Wichtigkeit, wie die gesamten Umstände des Wasser-Traums sich darstellen. Die Wasser-Träume zählen zu den notwendigsten Traumerfahrungen eines Menschen überhaupt, denn durch sie offenbart sich, ob der betreffende Mensch seine Entwicklung zum Selbst akzeptiert oder ob er sich dagegen auflehnt und sträubt. Die Arbeit mit dem Traum-Tagebuch ist besonders für die Wasser-Träume angebracht, denn es zeigt sich immer wieder, daß diese Träume in dem Maße zunehmen, in dem der betreffende Mensch versucht, sich gegen sich selbst zu wehren. Der Vergleich der zeitlichen Aufeinanderfolge der Wasser-Träume macht die immense Kraft, die in ihnen steckt, deutlich: Die Traumbedingungen sind immer schwieriger zu meistern, das Gefühl des Ertrinken-Müssens ist immer ausgeprägter. In diesen Fällen sollte der Träumer das Bild des Flusses als Traumanregung aufgreifen, da der Fluß im Traumbild immer überschaubar bleibt und die Ufer grundsätzlich die Bereiche symbolisieren, von denen Hilfe einerseits, Gefahr andererseits droht.

Liegen keine konkreten Zahnerkrankungen vor, muß der Traum vom ZAHNARZT noch ernster genommen werden. Denn er versinnbildlicht dem Träumer, daß er seinen Mund und seine Zähne nicht für die Zwecke einsetzt, für die die Natur sie geschaffen hat. Zähne sind zum Zerkleinern von Speisen gemacht, nicht zum Beißen, der Mund ist die direkteste Verbindung zu anderen Menschen und zur Schöpfung (der Kuß und der Atem). Der Zentralspeicher, der dem Träumer einen Zahnarzt vorführt, warnt vor Lüge und Aggressivität. Eine Überprüfung der letzten Tage wird ergeben, daß der Träumer tatsächlich schlecht über jemanden gesprochen oder tatsächlich jemandem seine Zähne gezeigt hat. Der Traum vom Zahnarzt hat die Funktion, auf ein unsoziales Verhalten des Träumers hinzuweisen.

Hinweise zur benutzten Literatur

Die Standardliteratur ist bekannt und steht dem Interessierten zur Verfügung. Besonders erwähnen möchte ich allerdings folgende Bücher:
Rosalind Cartwrigt: *Schlafen und Träumen,* Kindler 1982.
Sigmund Freud: *Die Traumdeutung.* Bd. II der Studienausgabe. S. Fischer Verlag 1972.
Stuart Holroyd: *Rätselwelt des Traumes,* Prisma-Verlag 1980.
Bedanken möchte ich mich bei Dr. Uros Jovanović für die freundliche Abdruckgenehmigung aus seinem Beitrag *Chronomedizin,* der in der *Zeitschrift für Allgemeinmedizin* (ZFA) als Sonderdruck erschienen ist.

Anmerkung: Der Originaltext ist geringfügig zum besseren Verständnis reduziert worden.

Legende:
Darstellung der Biorhythmik von Wachsein und Schlaf bei gesunden Menschen jüngeren und mittleren Alters. Die Kurve beginnt um sieben Uhr. Die horizontale Linie gibt Auskunft über die absoluten Uhrzeiten und relativen Stunden für die ganze Periodik von 24 Stunden. Die durchgezogene Linie stellt den sogenannten Morgenmenschen (Abendschläfer) dar, die gestrichelte Linie jene Menschen, deren Periodik verschoben ist.
Die schraffierten Felder im linken oberen Quadranten demonstrieren die Zeiten, in denen die Wachheit einen relativen Tiefpunkt aufweist. Die Tiefpunkte der Wachheit dauern vom Morgen zum Abend immer länger, die

hellen Felder (Anstieg der Wachheit) werden immer kürzer.
Im Verlauf der Schlafkurve sind die schraffierten Felder am Ende der jeweiligen Verflachungsphase für die Traumphase (T) reserviert. Buchstaben A bis E sind die Bezeichnungen für die Schlafstadien:

A = Übergang
B = Einschlafstadium bzw. leichtester Schlaf
C = leichter Schlaf
D = mittlerer Schlaf
E = Tiefschlaf.

Die Bedeutung der Buchstaben F bis K ist bereits in der Abbildung selbst erklärt worden.
Der obere Teil der Kurve bzw. die Bezeichnungen A 1 bis E 1 veranschaulichen die fünf Stunden des Wachseins (Vigilanz).
Darüber, das verdeutlichen die Buchstaben F 1 bis J 1, befindet sich das Feld für verschiedene psychomotorische Unruhen.
Die Stadien des Wachseins und des Schlafens beanspruchen verschieden breite Streifen, die darauf hinweisen sollen, daß alle Stadien qualitativ und quantitativ nicht gleich sind. Der Übergang zum Beispiel vom Wachsein zum Schlaf ist ein viel stärkeres Ereignis als die spätere Schlafvertiefung, so daß von einem Stadium zum anderen die Streifen zwischen zwei Stadien immer enger sind.
Das gleiche trifft auch für die Vigilanz (Wachsein) zu. Sowohl das Wachsein als auch der Schlaf haben eine tonische Veränderung der circadianen Kurve (Senkung des Wachseins und Verflachung des Schlafes mit den vorgerückten Stunden) und jeweils drei bis fünf ultradiane Perioden innerhalb der circadianen Kurve.

Diese Darstellung ist ein Ergebnis aus dem Zentrum für

Chronomedizin in Würzburg, ärztlicher Direktor: Dr. Dr.
Uros J. Jovanović.

Ratgeber

Als Band mit der Bestellnummer 66 074 erschien:

Theodor von Keudell

RICHTIG VERSICHERT

Welche Versicherungen sind wichtig, welche unnötig? Worauf soll man beim Abschluß einer Versicherung achten? Wie verhält man sich im Schadensfall, und wie erreicht man am schnellsten die Zahlung von Versicherungsleistungen? Wie und wann kann man die Versicherung kündigen?
Diese und ähnliche Fragen hat sich bereits jeder einmal gestellt, aber wohl ohne eine klare Antwort zu erhalten.

Ratgeber

Als Band mit der Bestellnummer 66 077 erschien:

Heinz Ryborz

JEDER KANN ES SCHAFFEN

Es ist eine Tatsache, daß die ständig steigenden Alltagsanforderungen unserer Zeit bei vielen Menschen Streßerscheinungen und innere Hemmungen hervorrufen. Diesen beiden Grundübeln setzt Professor Ryborz seine praxisbezogene Methode der regenerierenden Entspannung und der positiven Selbstbehauptung entgegen. Er zeigt, wie man seine eigenen Fähigkeiten entdeckt und sich im Beruf und Alltag durchsetzt.